HEART
心視野

即時情緒修復

The Instant Mood Fix

**2 分鐘告別壞情緒，透過 50 個小練習，
讓你擺脫焦慮、恐慌和壓力**

劍橋心理學博士
Dr. Olivia Remes
奧莉維亞・瑞米斯——著

吳宜蓁——譯

我把這本書獻給我的母親，

她不僅度過了生活中最艱難的時刻，

也是無論如何都能振作起來的完美典範。

她一直是我生命中的指路明燈。

目錄

前言

本書是給你的情緒急救箱

關於我

我是劍橋大學的科學家，近十年來，我一直在研究是什麼讓人們在生活逐漸茁壯，從艱困的情境中恢復。而透過我的TED演講與數百人進行過的研討會和討論，我發現有十種思考模式和感覺——十種「壞情緒」，會阻礙人們發揮潛力。這些情緒非常普遍，但如果你讓它們在那裡潰爛得太久，它們就會對你的幸福快樂產生嚴重影響。我希望能藉由這本書，幫助你辨識出這些情緒，克服它們，並重新振作起來。

關於本書

這不只是一本書，而是一套以科學為基礎的策略，可以解決生活中各個關鍵領域的問題：你的心態、社交生活、工作和個人掙扎。根據我的研究，以及與我研討會和演講的參與者們互動後，我打造出一個工具包，裝著各種應對策略，你可以**隨時隨地**練習，讓自己變得更樂觀、更果斷、更有自信。

隨著你持續閱讀這本書並應用這些訣竅與技巧，你會感覺自己變得更放鬆，彷彿有種安靜的力量從體內誕生。你會覺得生活漸漸成為滿足的泉源，而當這種情況發生時，你也會感覺到自己正在慢慢地轉變。我希望你把這本書當作是一份「處方」，其中有一些在危急時刻可使用的療法，還有一些可以少劑量服用，但累積起來會產生極大效果的「藥劑」。本書的每一章都很短，閱讀時間差不多是二十分鐘。但當恐慌襲來時，建議你把重點放在每章開頭的簡短建議上，這些建議通常不用兩分鐘就能讀完。當事情變得棘手，你很需要振奮起來的時候，用這些建議來改變你的情緒。每一章涉及不同的情緒，這樣你就可以根據需要查閱，並直接運用你在尋找的策略。

以下是我想幫助你克服的十種情緒：

1. 猶豫不決
2. 拖延
3. 失控
4. 壓力大
5. 身心疲憊
6. 焦慮
7. 寂寞
8. 被拒絕
9. 陷入低谷
10. 失望

每一章的結構如下（注意每一章裡的這些圖示！）：

1、急救處理

這裡是不超過兩分鐘，可以快速閱讀的內容，它能幫助你快速從艱難的情境中脫身。

2、情緒科學

此處是有關心情、感覺和情緒的心理學背景知識。用簡短的概述，讓你了解從心理和神經科學層面看來，你發生了什麼事情，以及其他人也受到這些情緒的哪些影響。

3、應對策略

應對特定情緒或感覺的長期策略。這裡將提供五個深入的練習，幫助你建立韌性與應對挫折。

如果你讓它們潰爛得太久，
就會嚴重影響你的幸福快樂。

If you leave them to fester long enough,
they can have a significant impact
on your well-being and happiness.

我的個人經驗

兩年前的夏天，我母親的癌症復發時，我感到一種——我之後將在本書中談到的感覺——無力招架感，我不知道該何去何從，人生突然變得沒有意義，我感覺自己與這個世界失去了連結。

而每當我感到情緒低落時，我就會求助於這十個策略並加以練習。慢慢地，我注意到自己內在的力量在增強，就好像有一雙看不見的手把我從地上扶起來，讓我重新回到生活的馬鞍上。

我寫這本書是為了告訴你，有一些簡單有效的方法可以應對這些難受的情緒，讓你重新掌控局面。

Chapter 1

猶豫不決

給想太多的你，如何更容易做出決定

Indecisive

這一章告訴你如何做決定，變得更加果斷。無論你是在糾結該申請哪份工作、搬到哪裡去，還是要買哪雙鞋，你都會找到一些策略，讓你更有自信地做出決定。它也會幫助你更輕鬆地做決定，放下一直在阻礙你的恐懼。

如果你總是要花很多時間才能下定決心，或總是要依賴別人來讓你安心，甚至替你做決定，這一章會告訴你如何扭轉這種局面。這章主題是關於如何掌控自己的生活，以及帶著清楚的意念過生活。

急救處理

遇到複雜的決定時，聽從自己的第一直覺

阿姆斯特丹大學的研究人員指出，決定越複雜，跟從你最初的直覺反應會越好。如果是比較簡單的選擇，像是要買哪條毛巾，那麼權衡利弊會有幫助。然而矛盾的是，決定越複雜，像是買哪件傢俱或車子，那麼最好是讓無

意識腦來引導你。相信你的直覺。

情緒科學
——做決定的科學

閱讀時間：10分鐘

猶豫不決會讓你感到沮喪。如果這種事情經常發生在你身上，它可能成為你生活中的重大挫折，在很多重要時刻阻礙你。

有時，人們會花好幾個小時在做決定：他們花很長時間尋找最好的產品，試著把電子郵件修改到完美，認真考慮訂購這個還是那個。而有時他們做出決定後，仍然對自己的選擇不滿意，一直想著當初是否應該選擇其他選項更好。

你做決定的方式，對你的人生有很重大的影響。從一個人做決定的方式可以看出你能否完成任務，還是始終停滯不前；也可以看出當你面對一個機會時，你會抓住還是退縮。這一章著眼於當我們做出「糟糕」的決定時，大腦如何保護我們免受太多痛苦。如果你長期處於優柔寡斷的狀態中，這裡有一些有效策略，能幫助你更輕鬆地做出決定，還有一些可以培養積極生活意念的策略。這一章會告訴你怎麼做。

瑪莎百貨：「最大化者」與「滿足者」

心理學教授貝瑞．史瓦茲（Barry Schwartz）發現，根據不同的決策風格，可以把人們分成幾種類型。有些人是「最大化者」，而有些人是「滿足者」。

每個人可能都遇過最大化者，或你自己就是其中之一。最大化者是那些要收集所有資訊，想盡一切辦法判斷之後才做出決定的人。假設他們要買一件新外套，他們會在做出選擇之前，盡可能多逛幾間商店，多試穿幾款外套。他們的動力是找到「最好的」，無論是最好的外套、最好的電腦，甚至是最好的伴侶。如果你是一個最大化者，今天家裡某個東西壞了，你可能會打電話給維修工人。但是你找到這個人的過程往往是漫長又艱辛：你要搜尋所在地區的所有維修工人，閱讀許多心得與評論，花好幾個小時在網路上瀏覽，才做得出決定。這樣不但很耗時，而且也很耗費精力。最大化者的天性就是透徹與細緻，無論做決定還是行動，他們都會拖很久，而這是因為選擇和研究每一種可能性的過程實在太痛苦了。雖然最大化者有時會在透徹的搜索中發現很棒的東西，但當他們找到時，也已經筋疲力盡了，甚至無法好好享受他們發現的好東西，因為體力已經耗盡。

「滿足者」則相反：如果他們要購買某樣東西，他們只會看幾種選擇，如果發現某種東西或多或少能夠滿足他們的需求，他們就會去買。滿足者不會有「必須完美」的觀念，正因為如此，他們的生活通常比較輕鬆。滿足者在做各種決定時，都遵循著一個重要的規則，就是**夠好就好**。因為他們不會追求非完美不可，所以做出選擇之後，再看到更好的東西，也不會感到沮喪。相對地，最大化者傾向於延緩做出選擇，尤其是當他們知道不能反悔而改變主意時。因為他們會覺得如果有更好的東西出現，使得目前擁有的東西相形失色怎麼辦？所以他們總是在尋找更好的東西，而這反而阻礙他們的幸福。

充滿選擇的世界

如果你是一個最大化者，生活在這個不斷變化的物質世界裡可能會很辛苦。在現代社會中，我們面對有史以來最多的選擇。你只要上網，就會看到多到數不盡的食品、電視節目、遊戲和可去的地方。如果你是一個最大化者，在購買一樣產品之前，你可能會很想研究市場上所有可以取得的東西。但是當你面對的是幾十種，甚至上百種選擇時，你怎麼可能這樣做呢？

這就帶出了一個重要的問題：當人們面對太多選擇時，通常會表現得更差。在一項實驗中，面對六種巧克力的人比面對三十種巧克力的人，更有可能真的掏錢消費。當人們的選擇有限時，對自己買的東西也會比較滿意。

在工作方面也有這樣的情況。同樣被要求寫一篇文章的學生，那些可選擇題目比較少的學生，比那些可選擇題目較多的學生寫得更好。事實證明，**少即是多**。當我們看得少一點，讓周遭的事物少一點，選擇會變得更加容易，我們對自己的選擇也會更滿意。也許這和近來如此盛行斷捨離以及過簡單生活有關，我們可以過一種只買需要的東西，更充分享受我們擁有的事物，反而會更快樂的生活。

這就是為什麼在當今世界裡，無論在網路購物，還是在約會平台上搜尋無數面孔，遵循「夠好」的規則可能會更好。在這個瞬息萬變的世界裡，每隔幾個月就會出現更多、更好的電子產品，人們分手的頻率也越來越高，追求「完美」就像奔向一個只是海市蜃樓的終點，這個終點會隨著你前進的每一步而移動，是你永遠無法到達的終點線。完美的產品、房子、工作……等並不存在，因為更新更好的東西隨時都可能出現。因此「夠好」可以拯救我們所有人，讓我們不再無盡地追逐一些或許根本不存在的東西。

心理免疫系統

有時候，人們拖延著不做決定是因為害怕。他們害怕伴隨著選擇而來的風險，尤其是那種永久性的選擇。他們擔心如果這些選擇的結果跟預想中的不一樣，他們會受到長久的影響。但人們通常沒有意識到的是，其實我們通

追求「夠好」，
而不是「最好」。

Go for "good enough" instead of "the best".

常會高估事情沒有按照希望的方式發展時，所產生的負面感覺。然而，實際上，我們恢復的速度比預想中更快。

為什麼我們在臆測自己未來會承受多大的痛苦時，通常都會判斷錯誤呢？原因有兩個：第一個原因是，當我們想到未來的負面事件會讓自己多難過時，我們忘記了生活中**也會同時發生**其他事情，而這些事件會分散我們的注意力和情緒。例如，如果你試著想像伴侶在一個月後和你分手，你的感覺會有多糟糕，那你可能會預期自己將非常難過。如果你們在一起很多年，也一直過得很幸福，那你可能會認為分手之後，會有很長一段時間沒有什麼事能讓你綻放笑顏。或是你失去某個親近的人，你可能會預測自己將很憂鬱，並且維持這樣的低落情緒很多年。但讓我們假設其中一件事確實發生了：你的感情關係結束了或你失去了某個親密的人，要度過這段時間會非常困難，這點毫無疑問。但研究也指出，我們的情緒強度並沒有我們想像的那麼高。**我們感受到的負面情緒，實際上並沒有我們預想中那麼強烈**。

這是因為在困難的時期，也發生了許多其他事情，這些事可以讓我們感覺很好，而且**確實會**讓我們露出笑容。也許是和一個好朋友通電話，在炎熱的夏天品嘗一杯清涼的飲品，為一場工作活動做準備，這些事情都會佔據你的心靈空間，有時候甚至會給你帶來一些小確幸。那些被要求想像負面事件發生在自己身上時，自我感覺會多糟糕的人們，通常會預測**負面情緒將持續很長一段時間**。他們不會想到，也會有許多能提升情緒的事情同時發生在他們身上。這其實是人的一種謬誤：我們只關注分手、失去以及隨之而生的情緒，而忘了其他的一切。這會讓你困在原地，阻止你做決定和承擔風險。

我們高估結果有多糟糕的第二個原因，是因為我們的心理免疫系統在運作。就像身體有生理免疫系統幫助我們抵抗感染和疾病一樣，我們的心理也有防禦機制。當負面事情發生在我們身上時，會有一個內建的心理過程，幫助我們緩衝災難帶來的影響。

哈佛心理學家丹尼爾．吉爾伯特（Daniel Gilbert）指出，我們有一種內在防禦機制，如果事情不順利，它可以防止我們過度沮喪。所以，如果我們沒有得到獎學金或工作，我們可能會對自己說：「反正那不是我想要的。」

我們有個心理免疫系統，
可以保護我們在生活中
免受太過強烈的情緒之苦。

We have a psychological immune system
that protects us from suffering too intensely in life.

來讓自己感覺好一點。我們開始在**我們渴望的那樣東西**上尋找缺陷，這樣就不會感覺那麼受傷。這就是心理免疫系統在起作用。我們的頭腦會竭盡全力來提振情緒——甚至可以扭曲現實。祕訣就是不要太在意這種心理免疫系統，就像吉爾伯特說的，我們必須讓它安靜地工作，不受我們的任何干擾。

但是現在我們**已經知道**這個系統了，要怎樣才能把這些資訊做最好的利用呢？下次當你必須做決定，但又擔心做出錯誤的選擇時，要記得，無論發生什麼事，無論這個決定最終產生什麼結果，你都會沒事的——絕對比你現在想像的更加沒事。吉爾伯特的研究顯示，我們抵禦情緒風暴的能力，比我們想像的還要大很多，我們應該好好利用心理免疫系統這個盟友。

那麼，現在回到做決定這件事情，我們該怎麼做決定呢？

與其根據恐懼來做決定，始終站在旁觀者的立場，不如根據你真正**想要**的生活來做決定。然後，不要回頭看。

我們抵禦情緒風暴的能力，
比我們想像的還要大很多。

We're capable of weathering emotional storms to
a greater degree than we think.

應對策略
——如何更容易做出決定

閱讀時間：10分鐘

我們已經看到，如果我們做出了一個「糟糕」的決定，心理免疫系統可以保護我們，因此我們應該勇敢去做，而不是退縮。還有其他的策略可以幫助你成為更果斷的人，我們一起來看看：

1. 學會承受風險

你做的每一個決定都是在冒險。即使你是在決定一些相對不重要的事情，比如要看哪個電視節目，這也是在冒險：也許你不會喜歡這個選擇。而當你在做更大的決定，比如是否要搬到另一個城市，潛在的風險也就會更大：你會交到朋友嗎？能找到工作嗎？這裡的重點是，不要把決定推到未來或不做決定，而是要學會**承擔做決定時伴隨的風險**。

為什麼這很重要呢？因為你的果斷程度會影響你對自己的看法。當人們長期猶豫不決，常常改變主意時，他們會開始對自己失去信任。比如說他們已經決定明天要打一通電話，但是當明天到來時，他們卻決定推遲，專注於迫在眉睫的最後期限。經常改變主意、時常答應了卻做不到，會讓你失去對自己的信任，失去堅持到底的信心。

這就是為什麼做出決定，並學會承擔隨之而來的風險對你有好處。學會接受生活中存在著不可預測的因素，你越快學會接受這個事實，事情就會變得越容易。

2. 轉移焦點——慶祝你的果斷

如果你想成為一個更果斷的人，練習更快做出決定就很重要。在你花了足夠的時間（比如三十分鐘）考慮之後，確實做出選擇非常重要。然後，你應該要為**自己的果斷**而開心，而不是一定要做出「正確」的決定才開心。當你因為果斷行動而感到快樂時，就會激發你的動力，激勵你將來再次果斷地行動。

為自己的果斷而開心，
而非做出「正確」的決定才開心。

Be happy that you were decisive and not that you made the right decision.

3. 什麼讓你充滿活力？

如果你正在掙扎要選擇什麼樣的工作或職業發展方向，問問自己：什麼能讓你充滿活力？這可以讓你有個概念，知道自己喜歡做什麼，什麼讓你感到滿足，讓你覺得實現了理想。

4.「如果我知道我不會失敗，我會怎麼做？」

當你對一個決定感到不安的時候（比如是否要跟老闆請假，或要求伴侶多花些時間陪你），就問自己這個強大的問題。這個答案可能成為深刻見解的關鍵，你可以用來改變你的生活。

5. 為你的生活按下重啟鍵

最後，我想要分享一個想法：有時候，當我們的決定沒有作用，我們會用各式各樣的原因批評自己，然後就會裹足不前，我們會停止嘗試與冒險。

而當這種狀況發生時，能讓你感覺好一點的方法，就是**按下生活的重新啟動鍵，重新開始**。

當我們犯錯時，通常會把它記在心裡——牢牢記住這件事。我們越去注意那些「糟糕的選擇」、錯誤和遺憾，心裡的筆記就會越堆越多。我們傾向於認為擁有越多這樣的筆記，下次就會做得越好，但這樣的事並沒有發生。真正要記住的是，所有的猶豫不決、錯誤和失敗，只會讓你感到無力，耗盡你的動力。

所以我們必須採取別的方法：按下生活的重新啟動鍵，重新開始。我們必須拿一塊海綿，把心理石板上的所有東西都擦掉，刪除那些筆記。我們必須放下那些負面記憶。然後，重新從第一天開始，就從今天、這個當下開始，養成新的習慣，慢慢地重塑自己。其他機會就會隨之而來，我們會找到新的方式發光發熱。

如果上個星期、上個月或去年沒有按計劃進行，你的決定沒有發揮作用，請把所有的自我批評都抹掉，重新開始。按下生活的重新啟動鍵，邁出前進的第一步。

總結

做決定是很多人都會感到掙扎的事情，這種掙扎的根本原因經常是恐懼——害怕做出錯誤的決定，害怕無法實現你要的結果。但矛盾的是，你越能擺脫這種恐懼，並學會接受有時候你的決定就是不如預期那樣發展，那你就會變得越果斷。你越常練習承擔做決定所帶來的風險，就越容易做出決定。

如果現在要你試著使用本章中的一種策略，你會選擇哪一種？如果接下來的三個星期內，只要你需要做決定，你就開始使用這個策略，那麼你的體驗會有什麼改變呢？它會如何改變你的生活？

選定你要使用的策略，把它寫下來，只要使用它，就在旁邊打個勾。然後寫下你這一天因此有什麼樣的改變。

附錄

練習紀錄表

你使用以上的策略了嗎？如果是，請在「紀錄」欄裡打勾。

你這一天有什麼改變？在你使用這個策略後，你感覺更快樂、更能掌握狀況，還是更輕鬆了嗎？

寫下你腦中浮現的想法。

我使用的策略：

天數	紀錄	想法
第一天		
第二天		
第三天		
第四天		
第五天		
第六天		
第七天		
第八天		
第九天		
第十天		

天數	紀錄	想法
第十一天		
第十二天		
第十三天		
第十四天		
第十五天		
第十六天		
第十七天		
第十八天		
第十九天		
第二十天		
第二十一天		

Chapter 2

拖延

給缺乏動力的你，如何開始行動

（做得很糟也沒關係）

你是否會因為不想做某項任務，而掙扎著遲遲不動手？你覺得開始做一項專案很難嗎？你覺得自己還沒有準備好要做嗎？無論是工作上的專案計畫、烹飪清潔等家務，還是進行一段棘手的對話，人通常都想把任務做好，甚至是做到完美。但這種完美的需求會使人動彈不得、倍感壓力，因而導致延遲，甚至可能永遠不會開始。

如果你必須開始做某件事情，但感覺自己落後了，一個絕對會讓你重新開始的方法，就是把它**做得很糟**。這一章會討論為什麼「做得很糟」很有效，以及它是怎麼讓你馬上行動起來。這一章也會教你一些**打敗拖延和獲得動力**的長期應對策略。

急救處理

從白日夢醒來吧！別想太多

我們每天花超過三分之一的時間在想與手邊任務無關的事情。白日夢會讓人陷入思考，開始幻想你還沒有實現的目標。所以，如果你發現自己走神了，盡快讓自己重新回到你必須做的事情上。

情緒科學

——拖延的心理學

閱讀時間：5分鐘

拖延症（Proscrastinaion）這個字來自拉丁語 Procrastinatus，pro 有「向前」的意思，而 crastinus 是「明天」。這是一種通常沒有必要的推遲行動，而且即使知道現在採取行動對自己最有利，我們還是會拖延。

那麼，既然我們知道這樣做並不好，為什麼還要推遲行動呢？一個原因是我們想要感覺舒服跟輕鬆，我們不喜歡因為某項任務而產生不愉快的感覺，比如沮喪或惱怒，所以就會盡其所能避免這種情況。雖然拖延在短期內有效，因為它能讓你立刻放鬆，但從長期來看卻沒有用。長期拖延會導致更大的壓力，削弱免疫系統。也會讓人後悔，因為你沒有實現自己的潛能，人生成了一連串錯失的機會。

拖延也與缺乏自信有關：你認為自己做不到。前網球教練兼作家提摩西・高威（Timothy Gallwey）曾與一些世界級最厲害的網球選手合作。他說，我們在生活中的表現，就是潛力減掉負面思想和自我限制信念的干擾。這是一個簡單的等式（如下圖）。

人的潛力比自己以為的還要大，但是負面思想的持續干擾是一大阻礙。他們會因為「我做不到」或「我拿不到那份

表現＝潛力－干擾

工作」這樣的想法，而壓抑自我成長的機會。這些念頭非常強大，不只會讓你意志消沉，還會影響你在生活中的表現。但如果你能把負面思想的干擾減到最小，就能夠扭轉這個局面。

迷思：我明天會比較想做

「我明天會比較想做」，這是拖延者最大的迷思之一。我們一直覺得我們之後就會比較想做事，儘管經驗一再向我們證明這種事情不會發生。這種現象的原因是，大腦會欺騙我們，我們認為自己很能夠預測自己的情緒，以為之後就會比較有動力工作，但當「之後」來臨時，我們還是跟之前一樣沒動力。

現在你知道人類的大腦有這個缺陷——它不善於判斷你未來的感受，你反而會更容易開始工作。因為知識就是力量。既然你知道未來也不會感覺更有活力或更快樂地工作，你可以現在就開始。你可以**做得很糟**。

應對策略

——如何產生動力

閱讀時間：10分鐘

1. 做得很糟

在深入研究之後，我發現了獲得動力的最大祕密。我現在就和你分享這個祕密：做得很糟。當你面對一項艱鉅的任務，而且還不想開始做時，就先隨便做，**做得很糟也沒關係**。當你面對一個有壓力的專案時，與其拖到你以為會出現的天時地利人合，不如就直接開始。不要擔心一定要把工作做好，也不要想成品會是什麼樣子。雖然你做得很糟，但你不僅邁出了第一步，而且已經走在把事情做完的途中了。「做得很糟」是用興奮取代沮喪，讓你的情緒從消極轉為積極。

確實使用這句口訣的人告訴我，他們開始感覺自己有能力，而且很開心。他們完成了那件事情，而不是逃避。我經常聽到的一件事是，人們認為「很糟」的嘗試，結果卻相當令人滿意。不管他們是匆忙地做了什麼，還是沒有多想，結果都做得相當不錯！

正如作家兼詩人G・K・卻斯特頓（G.K. Chesterton）曾說：「任何值得做的事情，第一次做得很糟也值得。」所以，現在就把它做得很糟，你總是可以之後再回頭來好好修整。

二〇二〇年八月，我收到一封來自班的電子郵件，他使用了在我某次演講中說的「把事情做得很糟」策略。他告訴我，以前他遇到新的機會時，他可說是「這個星球上最浪費時間的人，簡直就是徹底癱瘓的程度！」不過，聽完那次演講後，他就一直在嘗試我的建議，現在他的焦慮也緩解了：「這幾個字做到了成千上萬個小時的自我成長書、自我對話和其他行動都做不到的事情。我讀過很多『從失敗通往成功』的書，也讀過各種『克服』自我、恐懼和焦慮的方法，但一直到聽了你說的方式，我才產生了共鳴。」

2. 忍受不舒服

一旦你開始做，就能養成行動的習慣。做得很糟可以幫助你開始做，這是很關鍵的一步。但你也可以使用其他的策略，以更輕鬆的態度做事，就像你接下來將看到的方法。

另一個策略是：當你坐下來工作時，練習忍受不舒服的感覺。你會拖延某項任務，是因為它可能會讓你產生不舒服的情緒：厭惡或沮喪。你不喜歡這種感覺，所以想要逃離這些情緒。但是當你把追求快樂看得比追求目標和夢想更重要的時候，就可能得付出代價。所以，與其逃避負面的感覺，不如練習忍受必須好好工作時的不舒服。那些感覺會過去，它們只是短暫的。

3. 改變焦點

我念大學的時候，必須要讀大量的期刊文章，其中很多既枯燥又複雜。大一的時候，我有時會很不願意閱讀堆積在桌上的那堆論文——我把它們看作是為了獲得學位而必須閱讀的東西，是難以下嚥的苦澀果實。直到我開始和人們談論他們的情緒和心理健康，我才開始看出這一切背後的意義。直到我開始看到焦慮和憂鬱對一個人生活的影響，以及應對策略有多麼強大，我

練習忍受
剛坐下工作時的不舒服。

Practise tolerating discomfort
when you first sit down to work.

的觀點才有了改變。在與人們談論他們的掙扎和心理健康問題後，我意識到，科學論文不只是我工作的先決條件，它們掌握著通往幸福的鑰匙、找到目標的鑰匙，以及美好生活的鑰匙。

我開始沉浸其中，我意識到答案就在科學中。研究人員投入了無數的時間，尋找我們該如何重新掌控自己的生活，世界各地成千上萬的受試者參加了這些研究。所以我更認真看論文。

我想和你們分享這個故事的原因是：當我們面對一項任務，卻只看到我們必須閱讀的成堆論文、必須填寫的 Excel 表格時，等於是把自己放入一個死胡同，限制了自己的能力。但當你開始思考同時產生的**其他**情緒時，事情就開始發生變化。當你把注意力從對任務的厭倦和厭惡中移開，去留意另一種**不同**的感覺——也許是想學習新東西的渴望，或是想在工作中晉升的野心，這些都會大幅提升你的動力。與其一直糾結於你不喜歡的情緒，不如專注於你**喜歡**的情緒。

每一個人都有完整的情緒全景，隨時可以自由選擇。這個情緒景觀非常豐富，雖然包含負面情緒，但也有發自渴望和好奇心的正面情緒。當我們選擇積極正向的情緒，就會開始**順流**而行，而不是與之對抗。

當我專注於做這份工作的好處、我想幫助的人，事情就開始迅速往好的方向轉變。儘管如此，還是有些日子，我會覺得工作很困難。即使有了目標感，連續幾星期閱讀相同主題的論文，也會讓我感到非常沮喪。在比較難受的日子裡，我會休息一下，讀一些勵志書籍的節選。這樣做可以重新點燃我內心的熱情，讓我記起我所做的事情的意義，把研究拼湊起來的樂趣，還有發現新事物的樂趣。然後我就能以不同的心態——好奇的心態，重新回到工作中。

4. 培養成長型思維

想要獲得動力，更接近你想要的生活，你還可以採取的另一個方法，就是培養「成長型思維（Growth Mindset）」。心理學家卡蘿・杜維克（Carol Dweck）研究了這個主題，並發現擁有成長型思維的人，在生活中通常表現得特別好。這些人視挫折為機會，他們不會逃避問題，如果遇到無法立即解決的問題，他們反而會變得**更有**動力。

這些人在執行某項任務時，他們的自我滿足感比較不是取決於結果——是否成功完成了任務或是否做得完美——而是取決於過程。有時候，旅程越艱難，他們就越快樂。當放棄比較容易的時候，他們對堅持的滿意度就越高。即使沒有成功，他們也會因堅持下去而感到自豪。

你有沒有想過，當人們冒著可能被凍死的危險，決定去爬聖母峰時，是什麼讓他們感到滿足？或是明明跑到想吐，還是去跑馬拉松？就是因為他們想要感受到那種自豪感、成就感。因為即使他們不能贏得馬拉松比賽，或無法抵達山頂，他們仍然會因為自己的努力而感覺很棒。儘管疲勞、疼痛、充滿困難，他們還是朝著終點前進。

成長型思維很能激勵人，可以成為行動的燃料。只要你帶著成長型思維，錯誤就不再是什麼大不了的事情——只是眾多不成功策略中的其中一個而已。嘗試與錯誤比追求完美更重要。

有成長型思維的人
相信成功是付出多少努力的直接結果，
而不是他們有多聰明。

People with a growth mindset believe
that success is a direct result of how much
effort they put in. Not how smart they are.

5. 做三十分鐘的有氧運動

有氧運動可以顯著提高幸福感。研究顯示，你比較快樂時會比較有動力，朝著你的目標努力也會變得比較容易。所以出去散散步、在廚房裡跳個舞、播放運動的影片，或做任何你喜歡的有氧運動，都是重新開始的好方法。

總結

每當你覺得沒有動力時，可以使用本章的策略讓自己直接行動。培養成長型思維，把焦點放在目標上：

「你想要實現什麼？**今天你想成為什麼樣的人？**」

如果一種策略沒有效，那就試另一種。不需要追求完美，做得很糟就好。

Chapter 3

失控

給容易屈服誘惑的你，如何增加自制力

自制是什麼？當你刻意用不同的方式去思考、行動，或關注不一樣的感受，就是在運用自制力。當你壓抑自己的衝動，有意識地引導自己的行為（例如，你不會屈服於讓你分心的事物，繼續完成任務），這就是在運用自制力。這在追求長期目標時特別重要，因為它能讓你保持專注。

有時我們就是不想再工作一個小時，或想屈服於誘惑，但我們沒有屈服，反而是繼續再撐一段時間，或克制自己的衝動，因為我們不想做出草率的決定或衝動行事。身為人類，我們不只是無意識地行動，我們有控制自己的能力，而這種自我控制的程度，就是使每個人不同的關鍵因素之一。自制也讓我們更有靈活度，當我們不按衝動行事時，就是學會控制自己的思想和情緒。

急救處理

等十分鐘再妥協

不管你是想再喝一杯咖啡，再抽一支菸，還是上網，等個十分鐘吧。這樣能開始增加你的「意志力」，而那些「禁果」會看起來不再那麼誘人，失去了吸引力。

情緒科學

——自制的科學

閱讀時間：10分鐘

雖然生活中有很多事情是你沒辦法控制的，但這一章會告訴你如何控制那些你可以掌控的事情，以及如何控制自己的衝動。這一點很重要，因為這種能力可以幫助你調節情緒和思想。有研究指出，年少時能夠發揮控制能力，是日後人生成功的標誌。那些延遲滿足的學齡前兒童，到了青少年時期時，會更加有自信和能力，也更懂得處理壓力。自制力強的孩子，到三十幾歲時會更懂得存錢。控制自己會有回報，無論字面上還是比喻上都是如此。

但好消息是，你的人生並非完全取決於早期性格。只要你開始鍛鍊自制力，就是朝著正確的方向邁進。接下來，看看你可以採取哪些方式來練習。

每當你試著抵抗誘惑或延遲滿足時，你就是在自制。這是一種力量，讓你能做那些得來不易的事情。拒絕即時滿足可能會讓人感覺有點不舒服，所以大部分人都在為之掙扎。

賓州大學心理學教授安琪拉．達克沃斯（Angela Duckworth）在研究自制力時發現，比起先天智力，從自制力更能預測學生在校成績。智力高表示你善於學習新技能，從錯誤中學習，但自制力不同。懂得自制表示你能以自己想要的方式，積極地塑造自己的生活，表示你能夠調節注意力，能夠放棄短期的快樂去追求長期的願景。

自制力高的人似乎也都有很高的成就，當我們看著他們如此輕鬆地做每

早期性格
並不能定義你。

Your early disposition doesn't need to define you.

件事，似乎一切是那麼輕鬆自在，甚至像是享受其中。但事實往往並非如此。對學校「優等生」的心理學研究顯示，自律的學生在那些時刻抱持的未必是正面的感受，真正讓他們堅持下去的是明確的目標——取得好成績。如果你不是一個天生專注的學生或工作者，知道這點可能會讓你比較安心。事實上，大多數人都不喜歡每天的苦差事，而那些能堅持最久的人，才會贏。

自制是關於你是否擁有明確的願景，並在遇到障礙時仍堅持下去。研究結果證實了這一點：花較多時間做困難事情（比如讀書）的學生，自制能力比較強，而這些孩子在生活中的表現通常也很好。

劍橋大學曾經做過一項追蹤了兩萬多人的研究，而研究人員發現，自制力對心理健康也有好處。我們發現能夠控制自己和生活的感覺，可以幫助人理解這個不斷變化的混亂世界。我們研究了一些具備強烈「生命凝聚感*」的女性，從資料中可看出，她們認為這個世界可管理、有意義，也相信努力投入面對挑戰很值得。即使這些女性也經歷過困難時期，住在大多數人沒有車的地區或是擁擠的房子裡，但她們的焦慮程度比較低。有這種強烈生命凝聚感的女性，遇到困難時不會陷入惡性循環。

我們也研究了第二組女性——生命凝聚感較弱的女性。這些女性同樣遭遇困難的情境，但與第一組不同的是，她們不認為世界可管理及有意義。她們似乎沒有第一組人擁有的那種控制感。正因如此，生命凝聚感較弱的女性在遇到困難時，會產生高度焦慮。

但讓我們回到自制這個主題，接下來的例子裡，我們會看到一些努力自我控制的人，以及他們如何克服自己的衝動。

我們都在經歷這樣的事

來看看下面的例子：

尼克今年二十五歲。從有記憶開始，他就一直在與自制力奮戰。大

註：所謂生活凝聚感，是指當一個人可以理解其生活的經驗、應付生活事件的要求、並且獲致生活的意義，便能呈現出最佳的適應表現。

學時，他開始執行健康飲食，並承諾自己「從現在開始」戒掉所有垃圾食品。但是當他肚子餓時，所有的決心都會付諸流水。他會告訴自己要多運動，去續訂健身房會員資格，選了兩堂課，感覺自己終於在為自己的健康做點什麼了。但在最初的熱情爆發後，生活瑣事就會阻礙他，讓他難以維持規律的運動。所以他就會放棄健身房，直到幾個月後，良心使他感到內疚，又再次活躍起來。每次他立志要做什麼事，都只能持續個幾天，然後計畫就不了了之。這問題不在於他不願意做事，或不願好好照顧自己的身體，而是他給自己設定的目標太過嚴格，難以維持。他說自己要不是每週運動兩到三次，就是根本不運動；或只吃健康的食物，戒掉所有油炸和含糖食物，不然就根本什麼也不顧的大吃。他會逼迫自己，然後只要一感到疲倦或情緒低落，自制力就會減弱，然後節食就結束了，規律運動也隨之停止。

另一個問題是，剛開始的幾天，尼克會去嘗試一些新東西，然後就會開始感到有些疲憊。用「自制肌肉」去做那些對他來說不自然的事情，讓他有點筋疲力盡。

這種自制力的「耗竭」可能發生在我們所有人身上。你有沒有注意到，每次要做一些新的事情或違背習慣時，一開始都特別艱難？每當你使用自制力去做一些新事情，或阻止自己衝動行事時，你儲備的自制力會逐漸耗盡。那麼，為什麼會這樣呢？

「正向心理學之父」賓州大學教授馬丁・賽里格曼（Martin Seligman）對來自全球五十四個國家的十萬多人進行了性格優勢調查，結果發現，「自制力」似乎是許多人難以做到的事情。人們會說善良和公平是他們最大的優點，但極少人提到自制力。似乎全世界都在努力避免誘惑，知道這點會讓人感到比較安慰，我也希望它能幫助你，在思考自己目前的習慣並努力改變它們時，對自己更溫和一些。

自制的代價

任何時候你使用自制力，都要付出代價。因為自制力是一種有限的資源，如果你把它用在一件事情上，就沒有那麼多的自制力可用在其他事情上了。當你努力以某種方式行動或思考，或是抗拒拿巧克力蛋糕當午餐時，你的自制力會漸漸耗盡。研究表明，比起沉溺於巧克力中的人，那些能抵抗巧克力誘惑的人，反而更容易放棄之後遇到的難題。忍著不喝你最喜歡的酒精飲料，會耗盡你的自制力，讓你之後更難努力。美國心理學家馬克．穆拉文（Mark Muraven）在一項社交飲酒者的研究中，對此進行了驗證，研究對象是年齡在二十一至四十五歲之間、每週至少喝一杯含酒精飲料的人。他給參與者的指示如下：他們要把平時喝的酒精飲料放在旁邊，聞一聞味道，但不要喝。研究人員告訴參與者，如果他們真的很想喝，可以喝一小口，但要盡可能忍住。之後，這些參與者被要求做一些任務。但由於忍著不喝酒，他們的自制力已經有所下降，所以在後續完成分配的任務時更加困難。

你是否能猜到，在同一個實驗中，當參與者聞的是水時，發生了什麼事？他們在後續任務中表現得更好。這項研究的其中一個結果是，那些必須抵抗酒精誘惑的人，比只聞水的人更難完成任務。

那麼，這對你來說有什麼意義呢？每當我們看到、聞到或想像一些我們喜歡的東西，卻沒有真正沉溺其中時，可能會引發內心的衝突——我們想要品嚐禁果，但又知道自己不應該屈服。每次你用自制力克服這種內在的衝突時，你就會變得更累，在接下來要做的事情上表現得更差。你陷入自制的「債務」。

但好消息是，有一種方法可以保護自制力，讓我們保留更多能量，這樣就不會一下子就累了。這在你試著抵抗誘惑時特別有用，它簡化了你的生活，這樣你就可以留住那些寶貴的自我調節儲備。這個策略就是：改變你的環境。這是提高自制力的五種長期練習之一，下面將詳細介紹。

應對策略——如何增加自制力

閱讀時間：10分鐘

1. 改變環境

當衝動襲來，實在很難控制自己的時候，與其克制或約束自己，不如把誘惑從你的環境中移除。例如，如果你想戒酒，就把家裡的酒都丟掉，這樣下次你想喝酒的時候，身邊就不會有酒了。

如果你不想在工作的時候一直看手機訊息，那就把手機放到另一個房間，我就這樣做過很多次，而且很有效。以前我工作的時候，都是把手機放在筆記型電腦旁邊，尤其是在讀碩士期間——很多人都是這樣。而我發現，只要我碰到一個小問題或被什麼東西卡住了，我就會拿起手機來放鬆一下，找點樂子。就只是想休息一下。但有時，幾則訊息會變成滑一小時手機，等到我意識到時，我的注意力和動力早就都消失了。所以我決定試試別的方法。我開始把手機放在另一個房間，或放在抽屜裡，這樣我就不會看到它。而因為手機不在視線範圍內，我就會忘記它。沒有了那些小小的干擾，我的工作效率提高了很多，也更容易完成長時間的工作。要擺脫我們很多人都有的手機癮，這是我試過最有效（也最簡單）的方法。

這個策略有效的原因很簡單：眼不見為淨，不在視線內的東西，就真的會從腦中消失。只要積極地改變環境，就更容易控制自己。當然，周圍的人會影響我們，但那些每天出現在視線內的物品也是如此。改變那些讓你分心或會引誘你的東西：把手機藏起來，把電腦上的桌面通知關閉，把零食從家裡拿走。這樣做了之後，這個環境就會支持你，而不是要你用盡所有努力去抵抗環境中的誘惑。

2. 發揮你的自制力

祕訣就是：你越鍛鍊自制力肌肉並運用它，你的自制力就越強。穆拉文有一項非常重要的研究為此提供了證據。在這項研究中，六十九名大學生被

在視線內的事物會影響我們。
我們關注和思考什麼，
就會渴望什麼。

The things that come into our line of vision influence us.
What we focus on, we think about,
and ultimately, we want.

要求做一些需要自制的任務，包括在五分鐘內不去想北極熊，還有緊握拳頭，要一直用力握緊，同時壓抑放鬆手部肌肉的衝動，其實非常累人，需要運用自制力。

研究人員還嘗試加入了一些其他方法，而奇妙的地方就在這裡。研究人員要求一些參與者連續運動兩週；一些參與者要改變他們的姿勢兩週：比如說坐著或走路時盡量挺直身體；一些人要在情緒低落時，試著讓自己回到更正向的情緒中；還有一些人是要詳細寫下他們每天吃的所有東西。

兩個星期之後，所有人都被召回來，並被要求做實驗一開始的那些自制任務，比如不要想北極熊和握緊拳頭。

然而，這一次有了不同：那些做了練習的人，整體而言有力量增強的現象——他們覺得自制任務沒有當初那麼難了。這些練習讓他們在做需要努力的任務時，感覺沒有那麼累。這種增強的力量似乎也滲透到了他們生活的其他方面。這項研究顯示，我們一開始試著控制自己，例如持續運動或是晚上做一個專案，一定會覺得很難。但如果我們堅持下去，並試著增強內在的力量，即使是透過像規律散步兩星期這樣不相關的活動，還是可以對生活的各方面產生正面的影響。

主要的結論是，為了建立自我調節或自制的能力，你必須鍛鍊這塊肌肉。當我們透過某項放棄會比較輕鬆的任務來練習堅持時，就是在鍛鍊自制力。我們在建立自己的內在資源，從長遠的角度增強自己的內在力量。

3. 服用一劑正面情緒

假設你一天有好幾件事要做，就算你在自我調節和自制方面已經做得更好了，但是當你有一長串任務或很多要處理的事情時，而身體或心理感到疲憊時，你的情緒仍然會下降。在這些時刻，你可能會需要一劑即時的情緒修復劑，一劑正面的力量——某個讓你感到積極正面的東西。下午當你開始感到昏昏欲睡的時候，你可能很想堅持下去，但從科學的角度來看，最好的做法可能是休息五到十分鐘，給自己一個快速的獎勵。心理學家黛安・泰斯（Dianne Tice）的研究顯示，在任務之間提升自己情緒的人，比起沒有做提

正面情緒
能讓人充滿動力。

Positive emotion is energizing.

升情緒的事的人，能堅持的時間更長，也更能夠控制自己。

那麼這一劑正面情緒是什麼樣的呢？可以是看一些娛樂性質的趣味東西（在泰斯的研究中，參與者是看羅賓．威廉斯〔Robin Williams〕和艾迪．墨菲〔Eddie Murphy〕的影片，或收到了一份驚喜的禮物）。一劑正面情緒也可以來自與好友聊天，聽令人振奮的音樂，或簡短地跳個舞。

4. 關注不做某事的好處

一般提到即時滿足時，我們通常會想到沉溺於短期欲望的快感。然而比較有效的策略是去思考如果屈服了，你必須付出什麼代價。每當我們試著限制自己不做某事，或「強迫」自己按某種方式行事時，都是在努力不讓自己屈服於即時滿足。但是我們會覺得很難抗拒，因為我們想到的是「禁果」的美味，也就是眼前的短期快樂。與其這麼辛苦，不如專注於不做這件事的好處。所以，如果你想少喝咖啡，不要去想它可能給你帶來的快樂，而要關注於睡不好的晚上，以及如果你屈服，可能會感到的緊張和焦慮。

無論身處何種情境，我們的反應方式都取決於對這些情境的感受。而我們的感受主要取決於我們選擇關注什麼。如果你把注意力集中在沉溺於暫時渴望的事物後，可能要付出的長期成本，那它對你的誘惑程度就會降低。

5. 在誘惑剛萌芽時就扼殺它

在剛萌芽的狀態就扼殺它，會比讓它成長之後再處理**容易**得多。以憤怒為例：當憤怒剛開始萌芽時，處理起來比較容易，暫時走開冷靜一下就好，不要等它膨脹之後才試著控制它。

總結

自制可以透過練習逐漸進步。你可以使用本章中的策略，從頭開始打造這個資源。就算現在你覺得你實在不太能控制自己，還是可以藉由一些事情來改變這一點。假設兩輛車在公路上行駛，而且它們離得很近，一開始你不會注意到它們的路徑有什麼不同。但如果一輛車持續偏離另一輛，即使偏離的幅度非常小，但隨著時間推移，還是會產生明顯的巨大差距。一開始，你可能感覺不到任何內在的根本轉變，察覺不到任何變化。但經過幾週的練習，你和原來的自己會越來越不一樣，你正在建立一個全新的未來。

你現在有正在努力實現的專案或目標嗎？如果有，試著用第〇〇頁的表格記錄兩週內每天的進步。你越是朝著專案目標努力，自制力就會越來越強。當你感覺任務開始變得沒那麼困難時，表示你的自制力已經變強了，情緒也會跟著提升。

附錄 增強自制力表

寫下你想達成的任務。然後，每天記錄你對任務難度的感受，從1（簡單）到5（困難）。在隔壁那一欄，記錄你的情緒，從1（低落）到5（積極）。你越去練習達成任務，就會開始感覺它變得比較容易了，你的情緒也會改善得越多——這就是在告訴你，你的自制力正在加強。

目標：＿＿＿＿＿＿

（例：每天走一萬步、進行一個創意專案）

天數	難度：1～5	心情：1～5
第一天		
第二天		
第三天		
第四天		
第五天		
第六天		

天數	難度：1～5	心情：1～5	總結
第七天			
第八天			
第九天			
第十天			
第十一天			
第十二天			
第十三天			
第十四天			

Stressed

Chapter 4

壓力大

給緊張不安的你，
如何幫助自己放鬆和紓壓

壓力可說是每個人每天都要面對的事情。雖然些許的壓力對我們有好處，因為它能激勵我們把事情做好，但當壓力變成長期、慢性的，你的健康就會受到影響。壓力會導致嚴重的身心健康問題，讓我們感到疲憊不堪，增加憂鬱症的風險，讓免疫系統變得虛弱，甚至導致心臟病發作。有些人很懂得處理壓力，保持良好的心理健康狀態；有些人則會無法負荷，晚上睡不著覺，然後「崩潰」。

在應對壓力方面，幽默是真正的財富，所以在這一章中，我們將探討用幽默幫助你恢復的方法。「壓力的科學」部分提到當壓力來臨時，我們的大腦和身體會產生什麼變化。最後，我們會談戰勝壓力的五種策略。

急救處理

專注在呼吸上五分鐘

慢慢吸氣，再慢慢吐出。這樣做的時候，放下所有的思緒。如果有念頭跑出來，也不要跟隨它去或給予它能量，只要靜靜地將注意力轉回到呼吸上。這能讓你在緊張的時候平靜下來。

發揮想像力，把情況變有趣

當我面對讓我覺得很不舒服、很有壓力的人時，我最喜歡運用的就是這個方法。當你運用「有趣」的想像力時，就會開始從新的角度看待造成壓力的問題，而它們似乎沒那麼有威脅性了。你的觀點改變了。這裡有一個範例供你嘗試：

回想你和某個讓你感到壓力很大的人的對話。注意你的感覺——你很不舒服，肚子裡好像揪成了一團。現在想像那個人穿著一件非常好笑的服裝，把那個人穿的音調提高十度，讓他開始每兩秒打嗝一次。現在，重放那段充滿壓力的對話，但要加入這一切：服裝、好笑的聲音、打嗝。你現在感覺如何？做這個練習可以消除你一想到這個人時就產生的一些負面情緒，而且能減輕壓力。

與正面積極的人見面或通電話，因為情緒會傳染。

如果你感到緊張不安，找一個思考正向、能讓你笑的人，和他們一起散步（如果不能實際見到面，請他們陪你來個「散步電話」也行）。研究指出，當我們和快樂的人在一起時，我們也比較有可能變快樂。

情緒科學

——壓力的科學

閱讀時間：2分鐘

當人面對壓力時，大腦中控制重要身體功能的部分，下視丘會引發一連串反應，刺激腎上腺分泌。腎上腺位於兩個腎臟的頂部，會釋放與壓力反應有關的激素：如腎上腺素和皮質醇。當你面臨危險時，這些激素會促使你採取行動，引發「戰或逃」反應：你的心跳加快，血壓升高，血糖值上升。這些身體反應可以在緊急時刻幫助你，因為你變得更警覺，更能夠處理壓力。問題是，當壓力變成慢性的，身體就會處於永久的戰或逃模式。當你經常感到緊張不安，過度暴露在皮質醇等激素中，健康問題就會隨之而來，如憂鬱症或心臟病，你的記憶力也可能會受損。

然而，當你變得幽默並開始笑時，壓力反應就會開始減弱。皮質醇和腎上腺素等壓力激素值會開始下降，開始釋放腦內啡等化學物質。腦內啡是身體的天然止痛藥，有助於產生幸福感。

你可以採取一些有科學根據的步驟，幫助你戰勝壓力。不過重要的是，你必須每天都做，而且持續做下去，這樣才能感受到好處。如果白天時，你總是在擔心或糾結於負面想法，你感受到的壓力就會增加，並影響幾個小時後的睡眠。人們常談論睡眠品質和睡前做正確的事情來幫助入睡，但其實我們也必須維持「日間品質」。從很多方面來說，你一整天做的事情和睡前做的事情一樣重要。若能從白天就開始照顧好自己的心理健康，到晚上該放鬆入睡時，你的大腦會更容易平靜下來。

應對策略
——如何讓自己放鬆

閱讀時間：10分鐘

1. 把幽默當成解藥

應對生活壓力的絕妙策略就是幽默。當我們感到壓力時，情緒會特別失控、很難處理，這時，幽默就是一劑強而有力的解藥。它的作用方式是把你的注意力從眼前問題轉移開來，即使只有短暫的瞬間。佛洛伊德說，幽默能讓你從生活中得到「哲學上的超脫」。當你專注於一些有趣的事物，在那短暫的瞬間，你對生活的態度就不那麼嚴肅了。當你這樣做的時候，壓力會放鬆一些，你的情緒也會更振奮一點。

在科學上，這被稱為「應對式幽默」。研究指出，當人們遇到困難、感到有壓力時，運用幽默會比嚴肅應對更好。這似乎有些違反直覺，你可能會覺得你應該要認真重視眼前的問題，或是覺得如果你不夠擔心這個問題，那麼無論你希望什麼都不會實現。但過度認真反而會讓你走上一條傷害自己幸福的道路。當我們不停地擔心和糾結於那些壓力時，它們就會被放大，而我們又會感到更大的壓力。這就是為什麼使用幽默這類的策略來應對很重要。

我奶奶無論在生活中碰到什麼事，都是以幽默來應對。她有心臟病，必須處理嚴重的健康問題，還有丈夫（我爺爺）過世，但經歷了這一切，她仍然能夠保持正向，總是把握每個可以歡笑的機會來開玩笑，她一直都是我認識的人當中最樂觀正向的人。

把幽默當成管理壓力的策略，可以促進心理健康：科學證明了幽默可以擺脫負面情緒，騰出空間給正面情緒。它也能讓我們暫時脫離問題，得到短暫的心理休息。西卡羅萊納大學做過一項研究，就是一個很好的例子。在這項研究中，有八十四名參與者來參加代數測試，並被分為三組。在測試之前，研究人員發了十篇漫畫給第一組看，第二組拿到的是詩，第三組什麼都沒有。接下來每個人都參加了考試。研究人員發現，看漫畫的那組比其他兩組表現得更好。研究人員想知道為什麼會出現這種情況，於是在實驗中進行各種測試，然後他們發現，這一切都可以歸結為焦慮：看了好笑漫畫的人感覺沒那麼焦慮（這與壓力有關），使得他們表現得比其他兩組更好。

也就是說，當我們感到壓力大、緊張不安時，有時頭腦會沒那麼清楚。這時讓自己沉浸在幽默中，比如看漫畫、情境喜劇、梗圖迷因或影片等，能讓我們暫時放鬆一下，重新集中精神。所以，試著在你的一天當中安排一些幽默時間，比如十五分鐘。

幽默，
幫助你與問題保持距離，
讓你的頭腦保持明晰。

Humour helps you distance
yourself from your problems
and gives you clarity of mind.

在你最笑不出來的時候（比如壓力很大的時候）接觸一些笑話，可以觸發正面情緒，有益健康也能恢復精神。

更重要的是，幽默有時可以改變整個房間的氣氛，如果你曾與朋友或伴侶因為小事爭吵，然後有人用一個笑話打破了緊繃的氣氛，讓大家和好，你就會很清楚這一點。最棒的是，就算你不是個很會開玩笑的人，也可以透過練習而做到。

2. 練習你的幽默類型

我們運用的幽默**類型**會對心理健康產生特定的影響。比起那些使用嘲諷挖苦的人，運用善意幽默的人體驗到較多正面情緒和較少負面情緒。在史丹佛大學的一項實驗中，他們給參與者看一些負面的圖片（如車禍、攻擊性動物）。在沒有任何實驗操作的情況下，研究人員測量了所有參與者的情緒反應，看看他們的反應為何。然後，研究人員要求其中一些參與者看這些照片時，以一種善意、富有同情心的方式在其中尋找幽默，從不完美的生活中尋找樂趣，但不要取笑他們所看到的東西。另一些人則是並被告知要取笑它們，以輕蔑和優越感的態度嘲笑它們。接著，研究人員再次測量參與者的情緒反應。他們發現，使用善意幽默看待照片內容的人，正面情緒提升，負面情緒降低了，另一組人則沒有這樣的狀況。所以當我們想用笑面對壓力和問題時，運用善意的幽默是個好主意。

不過也可能有個例外。當我們面對工作截止期限或處理不愉快的情況時，運用善意的幽默可能很不錯。然而當我們面對創傷性事件或完全無法應對的情況時，刻薄的幽默或嘲笑實際上可能非常有效。例如戰俘們在敘述經驗時，會用這種幽默來應對（名符其實的「絞刑架幽默」，即黑色幽默）。囚犯們互相交談時，他們也會取笑警衛或他們經歷的困境，這能讓他們在自己無法控制的情況下，似乎仍有一些控制的感覺。

如果你正在處理某個感覺無法控制的情況，這種黑色幽默的應對方式會很有幫助，能讓我們與眼前的問題保持一段距離。

3. 尋找雙關語

如果你覺得自己是一個嚴肅的人，擔心自己無法讓別人笑，別害怕！幽默應對其實並不是講詼諧的笑話逗別人笑，而是讓**你自己**笑，尤其是在你最笑不出來的時候，而那通常就是你最需要笑的時候。幽默是關於創造和保持一種較為輕鬆的生活態度，不把一切看得那麼嚴肅。當你開始笑的時候，通常就會感覺比較好了。科學顯示，我們可以做某些特定的事情，來讓自己感覺更輕鬆，讓幽默進入我們的生活。

讓生活增添幽默的方法之一，就是尋找日常會接觸到、能讓我們發笑的東西，比如雙關語。注意報紙或戶外標牌上的雙關語，是為生活增添幽默的一個簡單方法。只要你開始尋找把幽默帶入生活中的方法，你就會發現通常都可以做到。

幽默應對其實並不是逗別人笑，
而是讓你自己笑，
尤其是在你最笑不出來的時候。

Humour coping isn't really about making others laugh
by cracking witty jokes-it's about making yourself laugh,
particularly when you least feel like it.

4. 認識自己的幽默感

收聽或觀看不同類型的喜劇節目，看看你最喜歡哪一種，例如鬧劇、黑色幽默，或與時事相關的主題式幽默。這能讓你發現自己的幽默類型。當你發現自己自然地受到什麼吸引時，就繼續朝它靠近。多看一些你喜歡的節目，看你最喜歡的當地喜劇演員的單口相聲。花時間看一些有趣的東西，把這種行為當成一種處方。或是想辦法讓自己變得有趣，思考如何把你最喜歡的幽默類型添加到生活中，無論是加入表演俱樂部、笑話俱樂部、單口相聲俱樂部都可以，試著做主動的參與者，而不是被動的觀察者。

5. 在身邊放一些有趣的東西

另一種為生活增添幽默的方法，是列印出你最喜歡的梗圖迷因，或在桌上擺一些玩具，讓你心情愉快。我的辦公桌上有兩個藍色小精靈：一個戴著眼鏡，拿著一本書，手指著我，彷彿是在說：「還沒到休息的時候！」

我們周圍的事物會影響我們的精神和心理健康。這就是為什麼在周圍擺一些能讓我們微笑的事物很好，能我們開懷大笑更好！

總結

幽默是緩解壓力的強效解藥。它可以讓我們從生活中獲得一種「哲學上的超脫」，可以幫助你與眼前的問題保持一點距離，並給你新的觀點。就算你認為自己沒有幽默感，也可以訓練。從注意你周圍有趣的事情開始，把幽默帶回到你的生活中。當我們開始尋找幽默時，就會發現幽默其實無處不在。而我們的情緒就會開始發生變化。

Chapter 5

身心疲憊

給忙碌又不敢休息的你，
如何讓自己停下來、喘口氣

收到郵件，報告到期，老闆要求和你開會，而你覺得自己已精疲力盡了？也許你要撫養孩子或照顧生病的人，但你已經累壞了只能空轉。

如果你現在亟需戰勝壓力的技巧，請到下面的「急救處理」部分。本章的其餘部分討論了自我安撫的心理學：如何幫助自己在已經難以招架時恢復過來，以及長期改善的策略。

急救處理

遠離讓你感到混亂的事物

從社群媒體、新聞、電子郵件、應用程式跳出來的資訊，全都讓你的心理變得更混亂。這些各種來源的資訊塞滿了你需要用來完成重要任務的大腦空間。就像拿著一個裝著泥和水的罐子，不過水已經和泥分離了，所以水看起來是清澈的——然後我們搖晃它：罐子裡的液體變得渾濁。當我們的頭腦充斥著來自各處的資訊時，也會發生同樣的事情。我們就沒辦法看清楚了。

當你感到無法承受時，設定一段時間遠離這些分心的來源，比如兩個小時。這樣能夠清理你的思緒，讓你把事情做完，並大大降低你的壓力。

做腹式呼吸練習

想像你肚子裡有一個氣球，每次吸氣時，氣球就會膨脹，呼氣時，氣球就縮小。這樣做幾次，它可以幫助你正確呼吸和放鬆。

情緒科學
——自我安撫的心理學

閱讀時間：10分鐘

當太多事情似乎同時發生，我們受到過度刺激時，就是所謂的「不堪負荷」。這時大腦的運轉已超過所能承受的程度，我們覺得自己再也無法應對了。有時當你感到不堪負荷時，你必須自我安撫。在心理學上，我們認為安撫就像父母安撫哭泣的寶寶，抱他、輕輕觸摸他、摟在懷中溫柔地對待他。當我們覺得自己再也無法招架，感到煩躁、想哭的時候，我們就得安撫自己。我們必須慢慢振作起來，傾聽內心那個細微的小聲音，告訴我們自己需要什麼。為了說明這段話的意思，我分享一下我朋友克萊爾的搬家經歷：

有一天晚上，我感覺自己不堪負荷了，我還得把那麼多東西從舊家搬到新家去。我覺得整個人沒有力氣，無法動彈，情緒很低落，感覺快要哭出來了。過去幾週，我吃得也很糟糕，披薩，幾乎沒有蔬菜水果，我覺得就是因為這樣，所以我沒什麼體力。那天晚上，我腦子裡一直在想我需要做的所有事情的順序：我要整理和打包剩下的東西，把它們裝箱……等等。我在想，那天晚上我應該盡量多做一點事情，因為所有東西都必須在一星期內搬走。但那天晚上還有很多其他事情要做，我覺得難以承受，差點就要哭了。所以我想我應該求助於他人，來幫助我擺脫這種情緒的卡關。但我打電話給家人時，他們不想聽我抱怨這件事。我拿出手機，想看看有沒有人傳任何能讓我心情愉快的訊息給我，但收件匣是空的。我意識到其他人無法幫助我擺脫這種情緒卡關，而我不知道該怎麼辦。

所以我對自己說：「放輕鬆就好」。我開始計畫，我要回到舊家那邊，做我還有能力做的事情，然後就休息。我要按照自己的步調慢慢走過去，而不是急匆匆地趕過去，然後看我能打包多少東西都沒關係。

然後神奇的事情發生了。我開始往舊家走時，精神突然漸漸好了起來。我到達那裡，開始按自己的步調做事時，情緒也開始好轉。然後我繼續做，最終完成了所有我一開始就想完成的事情——在我已經不打算一定要全部做完的狀況下。我意識到自己極度缺乏能量，並不是因為我沒有適當地滋養自己，而是因為我給自己的壓力太大了。那天晚上，當我大幅降低了完成任務的標準時，我就開始恢復了能量。那天晚上，沒有依靠別人，讓我在情緒方面感覺更好，因為我可以依靠自己。人本來就會變，有時在那裡，有時不在那裡。但那天晚上我明白了，你真正能依靠的只有自己，幫助你度過那些有時似乎難以承受的時刻，讓你感覺更好。

克萊爾的故事讓人充滿力量，也是一個完美的例子，證明了研究人員一直在說的：對於那種承受不了的感覺，一個很有效的方法就是進行「自我安撫」。當你降低標準和自己的期望，對自己寬鬆一點時，你就進入了自我安撫狀態。你安慰自己，就像父母安撫嬰兒一樣。當你傾聽自己的心聲，放下自我批評，你的心情就會開始好轉。當你放慢速度，就更能夠跟上進度。

為了向你說明怎麼應用到你自己的情況中，我列出了一個五步驟的過程，來緩和混亂的頭腦與應對難以招架的感覺。你越常練習這些策略，無論在混亂的時刻還是長期看來，你都能感覺越平靜。

閱讀時間：10分鐘

應對策略——如何照顧自己

1. 按暫停

能讓你感覺好一點又簡單的第一件事就是按暫停。不要追著人和報告跑，不要不斷地思索下一步要做什麼。只要暫停。這種方法在你因為進度落後而感到不知所措的時候都很有效，當你奮力不懈地追逐懸在眼前的胡蘿蔔時，它也有用：例如在一家幾乎不獎勵員工的公司想獲得晉升，一個你想贏得但永遠無法接近的人，一個你想彌補的朋友。

當我們感到難以承受時，與其拚命跑得更遠，我們其實應該站定別動，意思就是不要去追逐某件事物，不要拚命想讓事情順利進行，也不去想所有還需要做的事情。只要暫停。

有一次，我感到不堪負荷了，感覺自己在旋轉木馬上繞圈，卻無法擺脫時，我用了這個方法：那天早上我有一個 Zoom 會議，然後不斷地跟人電子郵件往來，好像進行了好幾個小時，然後又是另一個會議。一天快結束的時候，我覺得自己什麼都沒完成。因此，我沒有漫無目的地一頭栽進我的待辦事項清單，我完全停下來。這給了我一種平靜的感覺，我乘坐的旋轉木馬停了下來。

2. 專注於你的下一步

一旦你允許自己喘口氣，你就處在一個可以再次開始行動的位置了。問問你自己：在所有你必須完成的待辦事項中，哪一項是你現在就可以做，而且可以帶給你成就感的？就是那種，如果你現在花時間去做，可以讓你覺得自己**向前邁進**了一步的事情。

所以，從你的待辦事項清單中選一件事，在一段時間之內，放下其他所有事情。不要同時進行多項任務，戴上你的「馬眼罩」：不要去想其他還需要做的事情。當你完成這件事時，回顧一下你的成就，為自己完成了這件事

當你感到毫無頭緒時，
專注於能讓你感覺
自己向前邁出了一步的事。

When you're feeling overwhelmed,
focus on one thing that will make you feel
like you're taking a step forward.

高興一下吧。

你可以用這個策略來處理每一件你想完成的事情。所以當你完成第一個任務後，想想下一件能幫你更接近人生目標的事情，把注意力集中在這件事上，其他的都先放下。

3. 掃除壞念頭

當我們感到不堪負荷時，腦袋裡會有各種想法在竄來竄去。如果你想獲得內心的平靜，你必須放下這些想法。就像打掃地板積了很多灰塵的骯髒廚房，我們要拿一把大掃把，把灰塵掃出去。對頭腦也是如此，拿起一把想像的大掃把，把腦中紛亂的待辦事項、擔憂、焦慮全部清理乾淨。下定決心放下這些想法。

我還在讀書的時候，選修了一門藥理學的課程，有很多內容必須背下來。我們的教授散發著一種充滿活力的亢奮狀態，她的每堂課都濃縮了非常多資訊，所以當她在說話時，你必須一直緊盯著她，才不會錯過她所說的任何內容。在某次考試前，我們壓力都很大，拚命想辦法記住所有藥物的名稱和用途，而我記得她用自信的語氣告訴我們：「別擔心。擔心會使你喪失學習的能力。」這麼多年過去了，我還記得她說這句話時那種一貫的自信。

當我們清除腦中的憂慮思緒，選擇將注意力集中在一項任務上，只想著如何完成這項任務時，我們就會開始感覺好一點、比較輕鬆了。而且看似矛盾的是，這樣反而能帶給我們力量。

4. 去注意思想的行為，而不是思想的內容

幾年前，一個僧人來我們大學演講，那是一個寧靜的星期日下午，我仍然記得他說話時，那間老屋子裡的寧靜氛圍。他說，當人們感到難以承受、情緒混亂時，他們會試著去處理腦中的「內容」。他們試圖解決腦中浮現的憂慮和困擾，一個接一個，就像劍士那樣，一個接一個地殺死攻擊者。例如，現在有一個讓他們不堪負荷的想法，他們就試著「修復它」：他們會做各種事情讓它消失。結果有效：這個負面情緒消退了。但接著，另一個令人

煩悶的想法又出現了，於是他們不得不重新做同樣的事情。長久累積下來，這種不斷的戰鬥和思想「殺戮」，會變得令人厭倦。

這位僧人告訴我們，與其處理那些想法的內容，你真正該做的是關注你**思想的行為**。看那些思想的內容沒有太大意義，因為內容總是在變化。當大腦非常焦慮或激動時，必然會出現各種令人不安的畫面，然後我們就覺得不堪負荷了。然而，當頭腦感到平靜時，思想、畫面和干擾就會停止。那麼，你要怎麼做呢？你必須把它抱在懷裡，像抱著一個不安的小孩一樣，耐心地對待它，直到它平靜下來。

當小孩子焦躁不安時，父母就會試著分散孩子的注意力，給他更多玩具，給他看一些新的東西。僧人解釋說，孩子需要的不是更多東西，而是**關注**。所以當我們開始關注「心裡面的孩子」（僧人的說法），然後**傾聽**，就會開始平靜下來。當我們和自己獨處一會兒，意識到這些焦慮和擔憂的想法是來自一個躁動的頭腦——**不堪負荷**的頭腦，這時我們的觀點就會開始改變。我們開始思考自己能做些什麼讓它感覺好一點。在過去的我們可能會感到不安的地方，我們開始感到平靜。

5. 善待自己

通常，試著解決**所有**問題會導致你一**事無成**，因為你感到不堪負荷，壓力很大，覺得自己無法應付了。在這段時間裡，善待自己很重要——做你能做的，然後就休息。比起強迫自己「做完所有事情」，這樣反而能幫助你完成更多事情。

假設有個朋友來找你，跟你說了所有讓他們感覺不堪負荷的事情，那你會對他們說什麼？你很可能會表現出同情，鼓勵他們好好照顧自己，你會用一種親切、溫柔的方式與他們談話。所以，當你感覺自己再也應付不了時，對自己做同樣的事情：善待自己，做自己的朋友。

總結

當你感到不堪負荷時，可能會很難入睡，很難好好照顧自己，也很難完成任何事情。但解決之道始於善待自己：只要暫停一下，讓自己喘口氣。允許自己靜靜地站在原地，把一切都拋到一邊。等到你可以重新開始前進時，一次做一件事就好，那一件能幫助你的人生有一點進步的事情。放輕鬆，保持簡單。正如馬丁．路德．金恩（Martin Luther King）所說的：「你不必看到整個樓梯，只需要跨出第一步。」

Chapter 6

焦慮

給陷入負面思考的你，
如何讓自己變得更樂觀

如果你選擇了這一章，你可能正苦於某些不想要的想法：這些想法讓你感到無助，你想要擋住它們，但它們就是不斷地回來。又或者，也許你認為自己是一個悲觀的人，想要改變這樣的自己。在這一章中，我總結了科學家們關於樂觀主義的主要發現：什麼是樂觀主義？為什麼有些人就是比較樂觀？我們要怎麼改變，才能更接近我們想要的生活？這裡可能就有答案，讓人過著更樂觀的生活，甚至可能是更充實的生活。

急救處理

對別人說不出口的話，也不要對自己說

語言有力量，而且比我們意識到的更強大。每當你對自己（或別人）說你焦慮、無能或害羞時，就是在潛意識中固化了你認同這些特徵的想法。而解決的方法是放開內在霸凌，只用和朋友說話的方式和自己說話。

問自己：「我『現在』能做什麼對自己有幫助的事？」

每當你因為無法改變結果，或覺得自己搞砸了而感到無助時，問問自己這個問題。這可以讓你重新掌握主動權，改變注意力。做完這個練習，待會再回到同樣的問題上，你就會對它有不同的看法，心情也改變了。

情緒科學
——焦慮的心理學

閱讀時間：10分鐘

長期有焦慮症狀的人，有時候會認為這只是他們個性的一部分。他們認為也許他們生來就容易害怕或緊張，他們不能改變這狀況，然後感覺更加無助。他們對社交焦慮，所以認為自己是「笨拙」或「害羞」的人。或者他們無法停止對生活中發生的每一件事感到擔憂，所以他們覺得自己有點失控。他們會忍耐很多年，才敢把自己的經歷告訴別人。然而，你不去控制焦慮的時間越長，它對你健康和生活的負面影響就越大。

在劍橋大學時，我和同事們研究「廣泛性焦慮症（Generalized anxiety disorder）」。這是一種你無法停止擔心生活中許多事情的情況，嚴重的話會讓你變得虛弱不堪。我們的研究顯示從長遠來看，廣泛性焦慮症患者有多種健康問題的風險，在最嚴重的情況下包括壽命縮短。焦慮會讓人表現出特定的行為方式，如果你是長期焦慮，它甚至會改變你看待自己的方式，改變你向世界展示自己的方式，它會給你留下烙印。想法也會漸漸變得像自我實現的預言：你越覺得自己在社交方面很笨拙，你就會變得更笨拙；你越覺得自己老是「杞人憂天」，你就會變成一個更常憂慮的人。慢慢地，隨著時間推移，你開始體現你恐懼的一切。它就像故事書中的神奇面紗那樣接近你，剝奪了你做自己的自由：起初，這層面紗落在你手腳的末端，然後慢慢移動到你的身體，最後完全包住你。但重要的是要知道，在這一切之下，你仍然是你自己：真正的你在這個世界上獨一無二，有著獨特的想法和創意。你仍然有你獨特的存在方式，可以讓別人露出笑容，或很有興趣地聽你講故事。

日積月累下來，你越允許某些想法滲入腦中，比如焦慮的想法，你就會越來越感到越無助。那麼，如何改變這種情況呢？

讓思緒只集中在你想要的東西，而不是你想避免的東西。當我們試著壓抑不想要的想法（比方說我們想避免的東西）時，它們就會像迴力鏢一樣回到我們身邊。例如：「在接下來的五秒鐘內，盡量不要去想一盤好吃的義大利麵。」如果你像我一樣，應該也做不到！因為當我們去想自己想要避開的東西時，腦海中就會產生它的圖像，反而加強了對那些不想要的東西的關注。其他事情也是一樣的，你越是告訴自己不要焦慮，你腦海中的焦慮就越多，然後就會開始感覺更焦慮。正如精神病學家卡爾．榮格（Carl Jung）所寫：「你抗拒的東西，就會持續下去。」當我們抗拒某個想法時，它就會緊緊地抓住我們。

在你確定了你想要關注的事情之後，把這些想法以你喜歡的方式付諸行動。我在寫論文，面對一篇四萬五千字的檔案時，有些日子我就是不想再打開電腦看著那些文字。但時間在流逝，最後期限也在逼近。每當我想到那個必須完成的工作時，就會有種全身都不舒服的感覺。而每當我覺得必須停止浪費時間時，只會更難繼續寫下去。所以我決定改變我的方法，我開始只思考我想要什麼。我想寫一篇有趣的論文，一篇真正能吸引人們閱讀的論文，但我意識到，如果我堅持使用學術著作就該具備的枯燥寫作風格，我就無法寫出有意思的論文。我希望我的論文像一篇扣人心弦的小說。所以我說：「管他的！」並決定改變寫作風格。那是第一次我從寫論文中獲得樂趣，而且我變得很有效率，一天就寫了半章，然後我開始寫其他章節，不知不覺中，論文就完成了。有時候，我那些受恐懼驅動的舊思維模式會回來，我會回到舊的方式。有時候我會擔心：「如果審查者不喜歡我的論文怎麼辦？如果他們不給我學位，或我這麼做其實是個錯誤怎麼辦？」但我還是做了，而且感覺很好。感覺很好，是因為我用一種**我自己**非常喜歡的方式做了這件事。

只去思考你想要什麼，並以你喜歡的方式去做它，可以減少你的無助感。這是一個強大的技巧，因為你可以只專注於你想要達到的目標，把其他的都放下。例如，只做你喜歡的運動，而不是你認為應該做的運動，如果你

思考你想要什麼，
並以你喜歡的方式去做它，
可以減少你的無助感。

Thinking only about what you want
and doing it in a way that you enjoy
can decrease your feelings of helplessness.

不喜歡跑步，就試試跳舞。

樂觀有什麼幫助

還有另一個策略可以幫助你處理不想要的、負面的想法，並且提振情緒，就是變得更樂觀。每個人都遇到過一些樂觀主義者，樂觀的人傾向於看到周圍事物好的一面，而且會懷抱著希望，認為自己的問題能夠解決。他們傾向於注意和記住正面的事情。我曾經遇到一位叫伊蓮的女士，她就是典型的樂觀主義者：無論你把什麼視為挫折，她都會把它視為機會。如果你抱怨工作太多，她會認為這是一種恭維，因為你老闆這麼依賴和信任你；如果你抱怨鄰居，她會指出鄰居為你做的好事；如果你對浪費時間準備一份沒得到的工作感到不滿，她會說你在過程中學到了新東西，每一點知識在未來都能幫助你。

那麼像伊蓮這樣的樂觀主義者有什麼祕訣呢？他們擁有心理學家所說的「內在控制信念（internal locus of control）」：他們相信自己可以透過行動

積極塑造自己的人生，而這可以中和無助感。

樂觀主義者和悲觀主義者對失敗的看法不同。如果悲觀主義者做某件事失敗了，他們會認為這是反映出自己的糟糕，並做出某種概述，導致他們對自己的整個人生感到絕望。例如，如果他們犯了錯，他們可能會說這類的話：「我不管做什麼事情都不順。」樂觀主義者不會這樣一概而論，他們反而會認為阻礙只是暫時的，與他們個人無關。他們可能會說：「那個策略不太好，我下次應該試試不同的策略。」因為他們不會對自己苛刻，所以有動力再試一次。

因為樂觀者有這種內在控制信念，認為自己掌握控制權，所以他們傾向於對人生抱持著精力充沛、解決問題的態度。他們會看看需要做什麼，然後開始行動。相較之下，悲觀者的旅程充滿了猶豫和被動。

樂觀不只能幫助你擁有不同的生活體驗，對你的健康可能也有好處。在一項對愛滋病毒感染者的研究中，那些樂觀的人疾病進展較慢。所以樂觀與病情進展緩慢有關。對慢性疼痛患者的研究也表明，悲觀者比較容易屈服於他們感受到的疼痛，讓它吞噬他們的生活。那些比較樂觀的人也會感到痛苦，但儘管感覺疼痛，他們還是會繼續各種日常活動。當然，你能做多少事或你是否能夠做事，取決於你患的疾病和正在經歷的症狀。但關鍵是，我們看待問題的方式可以引導我們的生活朝不同方向發展，樂觀會有所幫助。

應對策略

——如何停止負面思考

閱讀時間：10分鐘

所以，如果你認為自己是一個悲觀主義者，或周圍都是悲觀的人，他們讓你也跟著沮喪，有什麼可以做的嗎？你能變得更樂觀嗎？你如何克服阻礙你前進的猶豫，更輕鬆地採取行動？

1. 根據目標行事，而不是根據情緒

悲觀主義與恐懼、焦慮連結在一起，因為悲觀主義者會受到自己的情緒和猶豫影響，所以傾向於慢下來並停止行動。這就是為什麼行動要根據目標，而不是根據情緒。當人們感到悲觀時，會很難採取行動。所以不管你內心有什麼感覺，看著你的人生目標，並根據目標計畫你的行動。當我們做相反的事，也就是根據恐懼和焦慮來規劃行動的話，就會傾向於退縮，這對我們可不會有什麼幫助。

讓你的情緒去驅動行為的問題在於，在你感覺有動力，終於處於「正確」的情緒之前，你可能不會採取任何行動。意思就是要等到內心有了活力，才會採取行動。但是為了克服消極和其他阻礙你前進的情緒，不管你內心感受如何，都應該做一些能幫助你實現目標的活動。這可以幫助你再次啟動，而第一絲希望和樂觀的光芒就會出現了。

2. 減少引發嫉妒的因素

你的樂觀程度也會受到你接觸的人影響。有時你可能會遇到一個你覺得比你更成功的人，然後你發現自己對他們感到憤怒，沒有任何具體原因的，就是一種怨恨的感覺。你的情緒可能會暴跌，你也不知道為什麼不喜歡他們，但他們感覺就是太完美了，讓你心煩：也許他們有很棒的伴侶，有很不錯的工作，一個更美好的家。

有的時候，人對另一個人產生負面情緒，是因為那個人擁有他們很想要的個人特質。也許那個人讓你意識到，「如果你當初多投入一點，勇敢跨出去」，就可以做到更多，而這種感覺讓你很痛苦。

不管你的原因是什麼，你會避開這個人，因為你想遠離痛苦。為什麼不試試別的策略呢？看看你如何利用這樣的狀況，你能從他們身上學習嗎？這比輕視他們需要更多勇氣。這個人現在進入你的生活，肯定有原因：通常是要讓你知道，現在做出不同的決定並採取行動還不算太晚。把這些人當作靈感的來源，而不是讓你沮喪的原因。這也表示要保持樂觀，看到生活光明的一面。

3. 少和悲觀的人待在一起

有時我們會遇到讓我們情緒低落的人：可能是朋友、同事，甚至是家人。你告訴他們買了一件新衣服，你有多麼興奮，結果他們說：「哇，你外套還不夠多喔？」這些人會一點一點地澆你冷水，他們會讓你覺得生活中任何嘗試都沒有意義，因為路上有太多障礙。他們經常說自己說這些話的唯一原因，是幫助你更現實地看待事情。

為了你自己的身心健康著想，你最好少花時間和這種會剪你翅膀的人相處，因為情緒會互相傳染。經常和那些總是看到問題和障礙的人待在一起，可能會對你產生負面影響，讓你失去嘗試新事物的動力。

4. 問問自己這個重要的人際關係問題

這個建議和上面的建議是同一組。我們選擇與之共度時光的人，可能會以某種方式對待我們，對我們的樂觀程度產生負面影響。也許你身邊的人總是以微妙的方式批評你，也許他們會糾正你的用字遣詞，或是在你不懂的時候嘲笑你。你可能確實喜歡和這些人相處，但有時你會覺得自己好像**不夠好**。而最糟糕的狀況，就是你還試著把自己變成這個人希望你成為的樣子。也許你解決了一個「缺點」，但其他的缺點又冒了出來……就這樣一點一點地，你正在改變自己真正的模樣。這可能會嚴重影響你的自尊，削弱你的樂觀情緒。

要弄清你的伴侶或朋友是否在侵蝕你的樂觀情緒，你可以問自己這樣的問題：當你和這個人在一起時，你是覺得精力充沛、更有吸引力、更有趣，還是覺得自己不夠好？如果你覺得自己很不好，重點是要意識到責任不應該在你身上，而在這樣對待你的人身上。值得來往的人，會以尊嚴和尊重對待**每個人**。

5. 為你的一天加入活力

為你的一天注入一些能提升情緒，讓你充滿活力的東西。例如，洗頭、嘗試新髮型、去跑步等，就算聽起來似乎沒什麼，但做一些像這樣的小事會讓你感覺更好，使你充滿活力。這就是在通往自尊和樂觀的路上所鋪下的一塊磚。

總結

如果你問街上遇到的一般人，他們想成為悲觀者還是樂觀者，答案很簡單。我們大多數人都想成為樂觀主義者：看到事物積極的一面，覺得杯子是半滿的人。要成為這樣的人並不難，只要在你自己的生活中，一個一個地實

Chapter 7

寂寞

給感覺孤單的你，
如何建立更好的人際關係

如果你感到寂寞，想要與他人建立連結，本章有一些有科學根據的策略可以幫助你實現這目標。這些策略可以幫助你從不同的角度看世界，戰勝寂寞，建立更好的人際關係。

急救處理

今天就和一個陌生人交談

我們低估了與日常生活中遇到的陌生人交談對我們的影響：鄰居、遛狗的人、排隊買咖啡的人。當你開始和別人交談時，就算是陌生人，也能立即修復你的情緒。不僅如此，從實驗中可看出，被教導「表現外向」的人會感覺更積極正向。

情緒科學
——寂寞的科學

閱讀時間：10分鐘

寂寞是很多人正在承受的痛苦。在二〇二〇年之前，英國約有五分之一的人感到寂寞，而新冠肺炎疫情使這種情況更嚴重。但什麼是寂寞？就是你想要擁有的關係和你已經擁有的關係之間，數量和品質之間的落差。你的身邊可能有很多人，但仍然感到寂寞——這就是為什麼人們在婚姻中或在人群中會感到寂寞。同樣的道理，你可能只有一、兩個朋友，但如果你和他們的關係很緊密，你的社交需求也得到了滿足，那麼你很有可能並不覺得寂寞。

神經科學家約翰・卡喬波（John Cacioppo）說，寂寞讓人產生的不適，和饑餓、口渴或身體疼痛帶來的不適差不多。人類是社會生物，沒有連結，可能造成心理和生理方面的崩潰。長期孤獨的人早死的風險更高，而且他們的免疫系統更可能受到抑制。

童年時期的寂寞在成年之後一樣會有影響。研究指出，如果你在童年時感到孤單，那麼青年時期的健康狀況可能會比較差。另一項研究顯示，長時間獨處和不被同齡人喜歡的孩子，成年後的身體健康狀況比較差。這是因為寂寞會對身體產生壓力，而長期處於壓力狀態下，會導致身體健康惡化。

為什麼寂寞如此傷人？

人類生來就是這樣的，如果寂寞得太久，就會很難受，如果還不做點什麼，就可能會生病。這都是演化的關係，早期的祖先如果獨自一個人太久，可能就會有危險，容易遭受到攻擊。但是，如果他們是群體的一部分，就比較能互相照顧，免受危險。這種有人在我們身邊，就能感覺到安全的基本本能並沒有改變。因此，就像饑餓會促使我們去找食物，口渴促使我們去找飲料一樣，寂寞促使我們採取行動去找朋友。人都有歸屬感的需求，如果這種需求得不到滿足，就會開始感受到負面影響。

當我們與他人交談時，
我們的體驗就會改變。

When we talk to others,
our experience changes.

與他人交談的科學

當我們與他人交談時，我們的體驗就會改變。芝加哥大學的研究人員詢問人們，如果他們在早晨通勤期間與同車乘客聊天，而不是保持沉默，他們會有什麼感覺。雖然大多數人認為聊天會使乘車過程不那麼愉快，但當他們在實驗中嘗試與他人聊天時，卻得到了正好相反的體驗。當實驗開始時，被隨機分配與其他通勤者交談的參與者，獲得了最愉悅的體驗。

那麼，如果說話感覺會比較好，為什麼在通勤時我們經常選擇獨自坐著呢？因為正如這項研究的作者們所說，我們「低估了他人對連結的興趣」。無論在公車、火車上，還是其他地方，我們都把別人的沉默理解為不願意連結，認為這是不感興趣的表現，所以我們也會盡量避開。這個實驗最初是在美國進行的，但在英國重複執行時，也出現了類似的發現。此實驗的主要研究人員尼古拉斯．艾普利（Nicholas Epley）教授說：「我們在分析時發現無庸置疑的一點是，參與實驗的英國人就和美國人一樣，喜歡與陌生人交談。」

寂寞會影響你的思想

當我們寂寞太久時，會開始產生不安全感，這是來自於我們演化的生存機制。我們會開始警惕各種威脅，而在現代社會中，威脅不再是其他攻擊者或叢林中的動物，而是更微妙的東西——可以是某人在Zoom會議上不友好的措辭，也可以是社交場合中模糊不清、模擬兩可的狀態。如果你寂寞，就比較有可能把別人中性的臉部表情理解為負面的態度，然後可能就會認為他們不喜歡你。研究顯示，寂寞的人會對周圍環境中的社會威脅帶著偏見，認為自己容易被拒絕，對自己和周圍的人的評價也比較不好。

寂寞的人即使達到了建議的睡眠時間，在睡了一晚起來後，通常精神也不會太好，這可能會導致隔天的精力不足，進而使得社交孤立的痛苦更難以忍受，形成一個惡性循環。

認識寂寞的所有影響非常重要，因為這可能是我們必須改變生活方式的警鐘。寂寞不是小事，交朋友也不只是一種選擇，這會大大影響我們的幸福健康。

你知道嗎，當我們對社交生活不滿意時，就不太可能花額外的精力去做對我們有益的事情。為什麼會這樣呢？這一切似乎都要歸結於自我控制／自我調節。

寂寞和自我調節

當我們感到寂寞時，自我調節的能力就會下降。我們比較不會控制自己，比方說，就比較有可能去吃不健康的食物，而不是堅持健康的飲食，而且在面對有挑戰性的任務時，也會比較快放棄。

美國的研究人員設計了一個實驗來測試這一點。他們想看看被別人拒絕是否會影響我們的行為。他們找來一些大學生，並告訴他們應該努力交際，記住彼此的名字。然後，研究人員告訴他們，二十分鐘後，他們會被分成小組，分組的根據就是誰喜歡誰：想要一起進行實驗的學生將被分到同一組。

所以在打招呼和簡單的互動結束後，研究人員請學生們寫下他們想要共

交朋友不只是一種選擇，
這會大大影響我們的幸福健康。

Having friends isn't just a perk.
It's necessary for our health.

事的兩個名字。然後研究人員將參與者進行分組，但研究人員並沒有像他們說的那樣，是根據學生的喜好或「誰喜歡誰」來分組，而是隨機分配。研究人員告訴其中一些學生：「我有個好消息要告訴你們——每個人都選擇你做為他們願意合作的對象。但我們不可能有一組的人數是五人（或四人、六人），所以我要請你單獨完成下一個任務。」他們也選擇另外一些學生告訴他們：「很遺憾告訴你這件事，但沒有人選擇你做為他們想要合作的人。所以我要請你單獨完成下一個任務。」

然後，他們給所有學生安排了一項任務，並在他們旁邊放一碗餅乾。研究人員發現，那些被告知沒人想和他們一組（被其他人拒絕）的學生吃掉的餅乾，幾乎是那些感覺自己被接受的學生的**兩倍**。「被拒絕」的學生不但吃更多餅乾，而且他們還覺得餅乾更好吃。

為什麼會有這種現象呢？有一種理論認為，當我們感覺自己被拒絕時，就很難進行自我調節。我們比較可能略過運動習慣，或更難阻止自己喝酒——我們會稍微「放縱」。在實驗中感覺自己被接受的學生不僅吃得較少，而且他們似乎比較不喜歡餅乾的味道；但被拒絕的那組學生似乎覺得自己「餓壞了」，他們渴望連結，需要被人想要的感覺。有時，在他人身上找不到我們想要的安慰時，我們就會轉向周圍環境中的東西來填補這種空虛，無論是食物、酒精還是手機。

問題是，我們寂寞的時候，過度沉溺於安慰性的食物或養成壞習慣，是因為我們無法克制自己嗎？寂寞是否在你的大腦中造成了某種永久性的開關，使你無法控制自己？還是有其他的因素？研究表明，我們感到寂寞時，其實大多數人都**有能力**控制自己，只是我們通常不太願意這麼做。也就是說，你可以克制自己，但沒有動機這麼做。

在美國的實驗中，研究人員發現那些感覺被拒絕的學生更難控制自己，並且吃了更多不健康的餅乾。但研究人員想知道，如果以某種方式去激勵這些受試者，是否會有什麼不同？事實證明確實如此。在同一研究人員進行的另一項實驗中，當受試者得到現金激勵時，他們就更能夠自我控制了。這一點很重要，因為這代表當我們意識到某些事情時，確實可以採取措施**糾正**這種情況。

寂寞時，看世界的方式會不同

人寂寞的時候，就會問自己為什麼感覺如此寂寞，或是為什麼沒有人願意和他們說話。而他們給自己的答案，會對他們的感覺和行動產生重大的影響，那決定了他們將採取措施克服寂寞，還是繼續保持原狀。

如果你問自己為什麼這麼寂寞，而你給自己的答案是你沒有付出足夠的努力走出門，那這可能會成為激勵你的因素，能讓你更願意去解決問題，並且開始認為這是你可以控制的事情。在研究中，那些相信建立新關係是他們能力所及的人，通常比較常社交，不那麼寂寞。原因很簡單：我們越認為環境在我們的控制範圍內，就會越相信我們能透過自己的行動影響結果。

另一方面，如果你認為寂寞是因為一些你無法控制的事情，比如你受人喜歡的程度或運氣，這可能會讓你很難改變任何事情。如果你認為自己很笨拙，不管你做什麼，人們還是不會喜歡你，那麼就會產生一種不可控制的感覺，因為你就是「有問題」。

如果我們把所有科學證據放在一起，就能看出寂寞通常與我們自己的觀點有關。而觀點是可以改變的東西，讓我們來看看怎麼做。

應對策略——如何建立關係

閱讀時間：10分鐘

1. 專注於你在做的事，而不是你是什麼樣的人

如果你想克服寂寞，了解觀點的力量很重要。當你不斷問自己為什麼沒人願意花時間和你在一起，或告訴自己「我就是很奇怪」，這會造成心理障礙。你因為這種情況責怪自己，等於是下意識地告訴自己你無能為力，這種問題改變不了。

相反地，當你開始專注於正在做的事情，你做了什麼行動要改善這種情

況，正在採取什麼步驟要改善寂寞感，比方說，你今天和多少人交談，還是加入一個新的團體、俱樂部或網路社群。研究顯示，那些列出了一系列嘗試，並願意去做些什麼來對抗寂寞的人，更有可能走出去，並堅持下去。

這樣做能讓人擁有力量的原因在於：當我們開始放下對自己的負面看法時，就可以開始專注於我們的行動。行動讓我們擺脫自己的窠臼，重新感受到與他人的連結。

2. 接受每個人的反應都不一樣

另一個可以幫助我們克服寂寞的是，明白每個人的反應都不一樣。為了建立連結，你必須接受人們各種不同的反應。當你分享好消息時，有些人不會跟你一樣感到快樂；就算你過去幫助過他們，他們也可能不會回報。人們的反應就是如此不可預測，你必須學會接受這一點，而不要把它當成是針對你的反應。當別人的反應、他們的面部表情，或對你的友好表示反應平淡，變得不再那麼影響你時，你就會產生一種獨立感。而通常這種獨立正是吸引別人來到你身邊的特質。

我們都聽過這樣的建議：如果我們想交朋友，我們應該表現出興趣並主動向別人提問。這是一個很好的起點，但如果這個人反應很平淡，你該怎麼辦呢？這可能會令人受挫，所以我們必須接受人們的反應不可預測，並且學習容忍這一點。

3. 改變你傾聽的方式，而不是說話的方式

當別人和我們說話時，我們通常都在想接下來要說什麼，我們自己要怎麼回答，然而這會讓你無法完全傾聽和理解對方在說什麼。這可能意味著對方沒有真正感受到「被傾聽」，以及你很難真正了解對方。所以，若想把人際關係提升到另一個層次，建立更好的連結，就要帶著理解對方的目的去傾聽，而不是一直想著要回應什麼。當你以想理解對方的態度去聆聽時，你們的關係就會改變，對方也會覺得確實被傾聽了。當我們放下自己心裡的想法，完全關注他人時，他們就會開始感到被理解，開始覺得和我們有連結，

感覺和我們更親近。

4. 轉移注意力

我們越是去想自己有多寂寞，感覺就越糟糕。克服這個問題的一個方法就是轉移注意力，把聚光燈從你自己和你正在掙扎的問題上移開，轉移到別人身上。例如，開始想想你能為別人做些什麼，無論是志工服務，還是為正在經歷艱困時刻的鄰居或朋友做頓飯。每天花一些時間在別人身上，會發生兩件事：首先，我們的注意力會從自己的問題上移開，寂寞的痛苦便會開始消退。再者，我們會開始意識到自己可以為他人帶來某些改變，這能提高我們的幸福感。

5. 練習對獨處感覺良好

有時候寂寞並不是身邊要有更多人。雖然和別人在一起會讓你感覺很好，但通常這樣還不夠。例如，你去參加一個聚會或派對，在那裡時感覺更好，但當你回到家之後，情緒又會驟降。這就是為什麼當我們獨處的時候，沒有人在身邊，我們被寂靜包圍時，也要學會感覺良好。

總結

寂寞很難忍受，但你可以採取一些步驟戰勝它。可以從放下「我為什麼這麼寂寞？」和「為什麼大家都不喜歡我？」這類的問題開始。這一點其實很重要，因為你問自己的問題、對自己說的話，都有力量，它們會塑造你的自我意識、你看待自己的方式。所以如果你想克服寂寞，你必須更常關注你正在**做**的事情，而不是你是什麼樣的人。當你鼓起勇氣與新朋友交談，冒險向某人敞開心扉，走到某人面前打招呼時，雖然對你來說很困難，但這些都能給你一種希望感，幫助你克服寂寞，重新振作起來。

Chapter 8

被拒絕

給結束關係的你，
如何修好碎掉的自己

Rejected

也許你正在經歷分手或離婚，需要尋找方法來應對，處理這種傷害。如果你正在尋找急救的方法，請先閱讀下面的「急救處理」。下一節的重點是心碎的心理學：對於分手，你給自己的解釋可能提高你的自尊，或導致你自我厭惡。最後一部分我將提出五個策略來幫助你走出心碎——幫助你繼續前進、展望未來，再次感受到可能性。

急救處理

打電話給某人，談談分手「以外」的事情

當我們遭受痛苦時，將注意力從痛苦中轉移出來的有效方法，就是去從事不同的活動。但也不是任何事情都可以——打個電話給其他人，聊點分手以外的事，可以立刻修復情緒。這很有效，因為你沒有其他選擇，只能專注於對話，無論談論的是烹飪、姪子還是電影，你別無選擇，只能注意傾聽才

能做出回應。這能讓你進入一個不同的心理空間。

執行一項讓你感覺有進展的任務

就算只是打掃廚房三十分鐘或處理一個工作專案都可以。如果你因為情緒低落而不想做任何事情，當你開始做一些讓你感覺自己**有進展**的事情時，就可以幫助你轉變觀點。你會開始更清楚地看到問題。

洗床單

洗完床單的感覺就像是生活的重置。躺在剛鋪上乾淨床單的床上，那種乾淨清爽的感覺最棒了。雖然乾淨的床並不能讓你的問題消失，但當你去做這種照顧自我的小行為時，你就會開始對自己有不同的感覺——更好的感覺。特別是這種自尊心受到傷害的時刻，這一點尤其重要。

情緒科學
——心碎的心理學

閱讀時間：10分鐘

分手或離婚可能是人生中最艱難的事情之一，真的會讓你的情緒一團糟。無論你是感到被拒絕，還是你主動提出分手，分手都會導致焦慮和憂鬱，以及各種自我毀滅行為，比方說酗酒。

分手後的痛苦程度取決於幾件事。它會取決於你一開始花了多少努力要和這個人在一起，花了多少努力去「贏得他／她的心」，以及你們對彼此的承諾有多深厚。你付出的努力越多，你們之間的關係越緊密，就越難放手。

雖然分手讓人難以忍受，但對於這個結局，你給自己的解釋會對你的心理健康產生重大影響。它可能增強你的自尊，也可能讓你自我厭惡。

哈佛大學的研究人員對離婚女性進行研究後，發現這些女性對離婚的看法有兩種：

你怎麼看待分手或離婚，
會對你產生重要的影響。

The explanation you give yourself for the breakup or divorce can have important consequences for you.

個人歸因：你的錯或我的錯

有些女性用「個人歸因」來解釋婚姻的結束：比方說，她們把婚姻的問題歸咎於對方，認為那是單方面的問題。但反過來，只關注自己和自己的「缺點」也不是個好辦法。如果你認為離婚都是你一個人的問題，這會讓你陷入無止境的自我批評迴圈。把離婚的責任推給伴侶或自己，都會導致自責或怨恨，也會傷害你的自我價值，因為你覺得你對此無能為力。

互動歸因：關係出現問題

哈佛大學研究中，另外一些女性對離婚則採用另一種不同的解釋：所謂的「互動歸因」。她們理解婚姻問題並不一定是某一個人的錯，所以這些女性關注的是她們與伴侶之間的互動——她們認為自己的婚姻之所以破裂，原因是缺乏溝通或親密關係，或生活方式或價值觀的改變。

用「互動歸因」來解釋兩人的離異，要比單純責怪自己或對方更複雜，需要更多的思考。不過，思考你們的互動怎麼會產生問題，這通常更實際也更有幫助，可以讓你更有控制感。

有時候，問題源於你們看待事物的方式不一致，或溝通的方式不合。哈佛大學的研究人員發現，比起指責前伴侶的女性，使用互動歸因的女性通常擁有較高的自我價值感。研究人員追蹤這些女性一段時間後發現，使用互動歸因的女性也明顯比其他人快樂，對前夫有更多正面的感覺。

當我們因為關係中發生的事情責怪對方時，可能會感覺「比較簡單」，不需要那麼努力地去思考與理解這種情況。雖然這在當下似乎比較輕鬆，但長遠來看，這樣的想法還是會傷害到你。那些總是責怪對方的人，在分手後往往更悲傷，不那麼樂觀。另一方面，當你花時間找出問題的原因，看看你們之間的互動為什麼會失敗，這可以幫助你更清楚地了解情況，甚至保護你免受更多痛苦。

分手後的成長

回到科學方面，我們發現分手和離婚會對我們產生很深層的影響，破壞我們的自尊。但我們可以做一些事情來幫助自己復原。心理學中有一個概念叫做「創傷後成長」（見第九章）。當我們在經歷人生中非常痛苦的事情時，我們的情緒必然會遭受重創，也會感到難受。但當我們想辦法忍受它時，就會成長。我們聽過無數這樣的故事，那些經歷過極端艱難時期（比如癌症或意外事故）的人，體驗到創傷後成長。就如同那句名言說的：「凡殺不死你的，會讓你更強大。」

如果我們把這個概念套用在分手上，也會有同樣的狀況。歌曲和電影傾向於把分手描繪成悲劇，但通常不會提到，像分手這樣的痛苦情境，可以成為你所需要的跳板，讓你展開不同的生活——也許是更有意義的生活。

分手會增加你的獨立感，也是一個重新發現自己的機會。如果你困在一段無法讓你成長的低品質關係中，情況尤其如此。如果你目前處在一段讓你痛苦的關係中，幸福快樂的時刻很少，你正在考慮結束這段關係，可以仔細思考以下幾點：

- 通常情況下，提出分手的一方承受的痛苦較少。因此，如果你覺得對方在利用你或沒有回應你的感受，那麼由你來結束關係會比較容易，不要等到對方採取行動。
- 如果你正在經歷離婚，擔心將來的生活會變得如何，以及這件事對你的意義是什麼，有研究證據指出，男性在婚姻中可能比較快樂，但離婚後，男性的感覺可能也會更痛苦。這就提出了一種可能性：離婚之後，女性可能比男性能夠體驗到更多自我成長。這一點可以給世界上許多剛剛恢復單身的女性帶來希望：重新獨立並不是什麼可怕的事情，事實上，它可以為你開闢新的道路。

我隔壁鄰居結婚二十年了。有一天，先生回家告訴太太，他要離開她和兩個十幾歲的孩子，去和一個比她年輕很多的女人在一起時，她整個世界都崩潰了。她已經二十幾年沒有工作，男方是家裡唯一的經濟來源，所以她很害怕要自己開始新生活。兩年後，我再次遇到她，她穿著時髦的健身服，單手拿著水瓶，和朋友一起健走。我們停下來聊天時，她展現出豐沛的自制力，這是她第一次覺得自己真正掌控了自己的生活。在那以後，她還找到了一個珍惜她的新伴侶，這是她的前夫沒有做到的事，她也變得更快樂了。

愛與心碎的科學

戀愛中的人，身體會產生讓你感覺很良好的化學物質，比如多巴胺（dopamine）——一種讓你感到輕飄飄又愉悅的獎勵激素。還有正腎上腺素（norepinephrine）——一種讓你警覺與精力充沛的化學物質。在你剛剛墜入愛河時，血清素（serotonin，一種調節情緒的神經傳導物質）的濃度通常會比沒有墜入愛河的人低。有趣的是，低血清素的現象也會出現在強迫症中。這或許可以解釋為什麼愛會讓你覺得無法停止迷戀那個人，產生嫉妒或焦慮的感覺。

紐約州立大學石溪分校的研究表明，當你被拒絕時，刺激到的大腦區塊，跟毒品上癮和極度渴望有關的區塊相同。因此為一個拒絕你的人神魂顛倒，通常會感覺像是一種依賴——你渴望那個人，無法停止對他們的思念。

而分手時，多巴胺（戀愛時大腦分泌的典型物質）等讓人感覺良好的化學物質會停止分泌，你的大腦會進入「戒斷狀態」。分手會讓我們情緒低落，因此，我們必須轉向那些能再次提振情緒、帶給我們快樂和目標感的事情。

應對策略

——如何讓自己好起來

閱讀時間：10分鐘

這裡有五種策略可以幫助我們從心碎中恢復，並找回目標感。

1.「三個好處」練習

通常，在分手後能刺激你成長的方法，是想想你從這個情況中或從上一段關係中，你得到了哪三種好處。比方說，也許現在你更加清楚未來的伴侶該具備的特質，或者你學會了如何在未來的關係中，更妥善地照料自己。

雖然做「三個好處」的練習，看起來似乎很傻，因為你現在唯一想做的就是哭，但還是試試吧。當我們尋找正向的一面，想想在痛苦的處境中可能得到的東西時，我們的心理健康和幸福安樂都會變得更好。當人們經歷分手，然後試著從中找到意義時，這有助於他們重新振作起來。有時候，分手正是我們需要的原動力，讓我們弄清楚自己的優先事項，走上另一條道路，讓我們更接近更有意義的人生。

「三個好處」練習還可以幫助你培養正面情緒。因此，寫下三個積極正向的部分，然後對自己大聲說出來——你可以在一個可以自由探索內心、表達最深刻想法的地方（比如一個私密的房間）做這項練習。

如果你關注生活中正面的事情，
你就會開始培養正面情緒。

If you focus on the positive things in life,
you start to develop positive emotions.

2. 培養你在伴侶身上尋找的特質

分手可以成為一種催化劑，讓我們開始反思自己想要什麼生活，尤其是希望下一個伴侶是什麼模樣。分手，可以幫助我們更瞭解自己。

珍妮最近剛被甩掉，她寫信給我說：

> 我最近有了一個頓悟。
>
> 我意識到一直以來，我沒辦法吸引到對的男人，是因為我還不是對的女人。
>
> 過去的幾年裡，我總想著為什麼男人不喜歡我，我會問自己：「我有什麼問題？」或把他們當作混蛋。但我意識到，我希望男人擁有的特質，往往是我沒有的特質。所以我喜歡馬克，因為他的生活很有條理（這是我缺乏的）；我喜歡湯瑪斯，因為他對工作充滿熱情，工作之外也擁有很多興趣（這是我缺少的）。你想從一個男人身上得到的，就是

你想從自己身上得到的東西，因為你還沒有或正在失去它。但我認為，如果你開始把自己塑造成你想要認識和相處的那種人，你就會變快樂。

你變快樂後，就更容易吸引人，也吸引到最終會向你示愛的伴侶。

我們總會聽到這樣的故事：人們陷入人生的低谷，然後決定重新開始他們的人生：他們戒菸、找到一份工作，變得活躍起來，最終找到真愛；但你從來沒有聽說過有人陷入低谷，變成酒鬼，然後找到真愛的吧？這種事不會發生。所以我相信，當你真正找到自己和生活的意義時，你也會找到愛。

3. 接受關係的短暫

如果某件事讓我們快樂，我們都會想緊緊抓住它，不想讓它離開，然而這可能會帶給我們痛苦。因為事實上，一切都在不斷變化。這就是為什麼我們無法抓住一些東西，就算它們曾在某個時刻讓我們快樂。我們和過去那個人在一起的時光可能很美好，但我們不能祈求過去擁有的美好時光再度回來。人生就是這樣，我們必須在愛和美好的事物降臨時享受它們，在它們離開的時候放開它們。利用這段經歷來塑造自己，然後繼續前進。當我們放手，就可以繼續去體驗別的東西了。

正向思考

培養正向情緒很重要的原因很多。我們常常認為，感覺良好除了讓我們有好心情之外，對我們沒有任何影響，但這只是整體的一小部分而已。當你積極尋找和體驗正面情緒，比如快樂，你就是開始在磨礪你的技能。當你參與到某些激發興趣的事情中，比如閱讀一本新書或探索一條新的健行路線，這會讓你感受到一種可能性，而且這可能正是你在分手或離婚後所需要的感覺。當你敞開心扉接受新的體驗時，不但可以產生正面情緒，還可以中和負面情緒。

增強內心的正面情緒是對抗負面情緒的良藥。正面情緒有一種「消除效果」。心情不好的時候，看一些讓我們心情愉快的東西，就能更快從壞情緒中恢復。正面情緒有助於建立你的內在資源，能幫助你變得更堅強，讓你更能準備好應對下一個挑戰。舉個例子：一項研究指出，人們在看了一部讓自己受到驚嚇的電影後，如果再看一些能讓他們感到滿足或愉悅的東西，他們會更快從恐懼中恢復；但另一組人在觀看了引發恐懼的電影後，繼續觀看一些單純引發中立情緒的影片，就需要更長時間才能擺脫恐懼。所以，正如這個簡單的例子所示，當你想辦法去體驗正面情緒時，可以消除負面情緒的影響，而且這對你的健康有顯著的好處。

4. 和朋友見面

當你處於低谷時，一個好方法是試著去見（或打電話給）朋友。處在社群網絡中，可以緩衝壓力對我們心理健康的影響。哈佛大學的一項研究顯示，擁有牢固人際關係的人，生活也會比較快樂。雖然和朋友見面無法讓你擺脫心碎，但它可以讓你感覺好一點。

5. 把仁慈當成一種強大的策略

我想談的最後一點是「仁慈」。書本裡通常不會包含這個東西，社群媒體也不會關注它，但它非常重要。仁慈是在別人傷害你之後，你向他們伸出的橄欖枝。即使你有各種合理的理由去懲罰他們，你還是**選擇**了放手。也許此刻那個人在某方面很脆弱，當他們因為過去的錯誤而跌倒時，你沒有落井下石，而是原諒他們。

當你抱持著仁慈的態度並原諒別人時，你就會開始感覺更能掌控一切。如果有人犯了錯，而你選擇放手，你就會開始覺得你的錯誤也可以被原諒。而當你覺得自己搞砸了的時候，就不會對自己那麼嚴厲。如果是與人際關係有關的事，這可以給你一個徹底告別的機會。

我們很常聽到這樣的建議：在一段關係結束後，最好「徹底告別它」，這樣我們才能繼續前進。通常這表示和對方談談這段關係結束的原因，或問問他們你當初該怎麼做才能讓事情好轉。但這樣做可能會很尷尬，而且就算你和前任面對面，他們可能也不會提供你在尋找的答案。告別一段關係，並不一定要與對方互動，這是你自己就可以做的事情，當你獨自在家，可以專注思考時就能做。告別可以是你對自己承認對方傷害了你，但你還是決定原諒他們。

我在旅行中曾遇到一位僧人，他說：「你可以原諒，但這並不代表你應該忘記。」我們不是要忘記，因為我們要把過去學到的教訓帶到未來，這些教訓能幫助我們塑造自己。我們原諒，是因為原諒能給我們一種平靜的感覺。

總結

分手和離婚確實很難熬，但你看待它們的方式、你應對痛苦的方式，都可以幫助你重新振作起來。當你開始關注自己從分手中學到了什麼，以及為什麼分手是好事（即使這樣做聽起來很傻），都可以幫助你改變對未來的看法。它可以給你一個新的參考。當你去做有益健康，而不是自我毀滅的事，或是當你培養出仁慈的態度，你就可以開始走出過去發生的一切，在黑暗中看到一絲光明。

Chapter 9

陷入低谷

給低潮的你，

如何在最艱困的時刻撐下去

如果你現在正在尋求幫助，我真心希望這一章能幫到你。如果你正在與毀滅性的財務狀況、可怕的損失或嚴重的疾病爭鬥等諸如此類的事情，那麼你就是我在寫這一章時想著的對象。

當我們經歷艱難時期時，很可能會難以承受這樣的壓力。有時候事情超出了我們的控制範圍，就像疫情爆發一樣。有間雜誌社邀請我根據疫情對我們的身心健康造成的影響，寫一篇關於創傷後成長的文章。在此我想和你們分享，我在尋找答案的過程中發現的關鍵點。

本章的第一部分提供了在緊急情況下使用的科學建議：一個立即可用的方法，來幫助你應對危機。本章其餘部分會告訴你，艱難的時期能夠在你的內心建立起更堅強的鷹架，並且讓你對生活有全新的理解——來自世界各地的數百項研究足以證明這點。最後一部分提供了五個長期策略，在你生活最困難的情況下可以使用。

急救處理

重新審視挫折，提出三個好處

雖然聽起來很傻，但請你想想經歷這項挫折的三個好處。當你想到這個情境能為你帶來的好處時，通常就會開始以不同的眼光看待事情，並開始覺得自己能應付了。例如，一次嚴重的挫折可能會讓你走上不同的人生道路；工作的改變可能也是一個搬遷或旅行的機會；也許讓你現在更懂得珍惜以前認為理所當然的小事情（例如家庭聚餐）等。

情緒科學

——創傷後成長的科學

閱讀時間：10分鐘

當你失去對你很重要的人事物，或收到非常壞的消息時，你會傾向於關注事情有多糟，艱難的時期和挑戰會讓你多沮喪、多消沉。雖然這一切都可能發生，而且確實讓人崩潰，但你必須知道，經歷困難會讓你變得更堅強、更強大。經歷痛苦的事情，就如同建造內心的鷹架，幫助你未來得以度過更艱難的風暴。這種現象就是所謂的「創傷後成長（Post-Traumatic Growth）」。

每個人在人生的經歷中，都會逐漸形成關於這個世界的信念和概念。這些觀念讓我們感到安全，讓我們能專注於當下在做的事情，並放下其他事物。這些觀念給了我們一種穩定的感覺。比方說，我們可能認為生活有可預測性——如果我們努力工作，老闆會很高興，我們就能得到晉升，或者如果我們好好照顧自己的健康，以後就不會生病。但是當災難降臨時（你發現自己得了某種疾病，或儘管你很努力工作，卻還是被解雇了），這些信念就會瓦解。你的信念被現實違背，不再有效了，而如果你想保持心理平衡，就必須重新審視它們。你可能需要更仔細地檢視這些假設，甚至要替換掉一些。

艱困時期可以改變你

無可否認，艱難時期確實很難熬，它們會讓你感到絕望憂鬱。我母親第二次被診斷出癌症時，我覺得我的整個世界都變了。我感到動彈不得，不明白為什麼這種事會發生在她身上，她一直都過著健康又積極的生活，而且她還那麼年輕，不該發生這種事——她才五十八歲。我實在是難以接受，那樣的悲傷壓垮了我，有時會突然發作：我會突然感到胃裡有一種下沉的感覺，我再也看不清楚任何事物了。有時它會發生在最不合適的時候——工作的時候、在擁擠的公車上、下班回家的路上，或是我正在和一個看起來無憂無慮的人聊天時。

但不知怎麼，我越是艱難掙扎，就越注意到內心有某些東西開始改變了，就好像我向他人伸出了一隻看不見的手，這樣我就可以抓住他們，請求幫助。我開始覺得和這個世界的連結更緊密了。我記得有一天下班後，一個年輕的女子在市中心發傳單，通常我不會拿這些傳單，因為這些東西沒什麼用。不過，如果有人發給我母親，她都會拿，我問她為什麼，她說這是「一項善舉」。多年來，我都不能完全理解這樣做能有什麼用，但在那一刻，我在經歷人生最黑暗的時刻之一時，我突然明白了。那一刻，有人向我伸出了手。當然，她只是在發傳單，而且她對每個經過的人都這麼做。但我覺得，那一刻，我可以讓這個人的一天變得更光明，我可以接過傳單，而不是拒絕。所以我伸手接過來，並且對她微笑，感謝她，她也對我微笑。就這樣，一個簡短的互動，她對我的小舉動露出的友善眼神，提振了我的情緒，那天下午，我不再覺得那麼孤單了。這種加深的連結和對小事的珍惜，正是創傷後成長過程中會發生的事。

我母親第一次被診斷出乳癌時，她的檢查結果被家庭醫生弄不見了好幾個月，所以延誤了治療。這可能對她的預後有負面影響。診斷結果和弄丟檢查結果的各種想法讓她受到了創傷。

但在母親結束治療後，她告訴我，這整個經歷改變了她：她開始感覺更親近大自然，想要再去旅行。她不再去想已經發生的事，而是開始展望生活。幾年後，癌症再次轉移，她的改變更大了。經過幾個月與疾病的激烈爭鬥，母親終於接受了新的現實，她意識到現在才是最重要的時刻。諷刺的是，第二次生病反而讓她的恐懼減少，而不是增加，她開始以一種新的方式去理解人生。她既不緊抓著生命，不顧一切地想延長它，也不會拚命掙扎，她只是決定要好好享受每一天。

當我們經歷創傷後成長時，各種意想不到的變化都可能發生，你會開始以新的方式看待人生。通常從極大痛苦中倖存下來的人會說，他們對人生有了新的感激、珍惜的情緒，甚至可能找到了新的人生目的，就像神經學家維克多·弗蘭克（Viktor Frankl）所說的，「等待被實現的潛在意義在召喚」。這個目的可以看似簡單卻又非常深刻，比如你意識到單調的工作並不能給你帶來任何幸福快樂，而你需要改變。一位被診斷出癌症的女士意識到她並不喜歡自己的工作，於是決定成為一名專門照顧癌症患者的護理師，因為這能帶給她生命的意義。

創傷後成長可以幫助你以意想不到的方式成長，它可以幫助你在精神上成長，讓你發現你比自己想像的更強大。作家茱蒂·維斯特（Judith Viorst）就曾寫過失去和創傷，在她的書中，她引用了猶太教拉比哈羅德·庫什納拉比（Harold Kushner）的話，他的兒子過世了。庫什納拉比回想起這個悲劇事件時說：

「因為艾倫的生命與死亡，我成了一個更敏感的人、一個更有效的牧師、一個更富有同情心的顧問。而只要我能重新得到我的兒子，我願意在一秒鐘內放棄這所有的收穫。如果我可以選擇，我願意放棄所有因這段經歷而得到的精神成長和深度……但我無法選擇。」

有意思的是，當我們經歷困難並超越它時，通常就不會回到原來的樣子了，我們變得比以前的自己更強大。而且從長遠來看，這些變化通常很正向。如果你正在經歷一段艱難的時期，正在尋找鼓勵創傷後成長過程或實現心理健康的方法，你可以做以下幾件事。

應對策略

——如何走過低潮

閱讀時間：10分鐘

1. 不要壓抑自己的情緒

哈佛大學的研究人員河內一郎（Ichiro Kawachi）表示，試圖逃避或阻絕自己的感受會增加我們早死的風險。人若是沒有釋放被壓抑的憤怒、沮喪或悲傷，可能會影響健康，並可能使用有害的方式來應對這些情緒，比如暴飲暴食。

當人們壓抑自己的情緒時，他們對生活的滿意度通常比較低，自尊心也會受損。把情緒憋在心裡會讓人感覺不真實——他們可能試圖保持表面上的平靜或控制，但在內心深處，他們很清楚自己很難受。他們表現在外的模樣（他們面對外界時戴的面具）和真實感受之間的差異，會進一步拉低他們的情緒。

所以，如果你正在經歷一些困難，感覺悲傷、憤怒或沮喪，不要壓抑這些不舒服的情緒，讓它們在你的身體裡流動。不要試圖麻痺自己，要去感受那些感覺。

2. 寫下來

為了促進療癒的過程，我們還可以做的一件事就是把它寫下來。研究顯示，當我們經歷創傷並把它寫下來時，心理和身體都會開始感覺好一點。緊繃的感覺開始下降，也會運作得比較順暢。不過，你寫的**方式**很重要。在一項關於應對創傷和壓力的研究中，研究人員告訴一些參與者只要寫下他們對事件的情緒，而另一些人則被要求不僅要寫下情緒，更重要的是要寫下他們**如何理解當時的情況**。結果發現，那些寫下自己的想法、感受和他們如何理解情況的人，在創傷後獲得了積極正面的成長，其他人則沒有。這項研究的結果既出乎意料又令人著迷。當你做寫作練習時，它可以幫助你，讓你走上前進的道路。

透過把事情寫下來，
我們會更認識自己。

By putting things down on paper,
we learn more about ourselves.

為什麼自我表露會這麼有用？當我們敞開心扉去感受經歷過的事情，並且把它寫下來時，我們就能解決那些「未解決的問題」。當某件事讓我們非常沮喪時，我們會感覺暫時失去平衡，內在的鷹架可能會太虛弱而無法撐住我們。

如果我們不去表達或整理我們的想法，它們就會一直是模糊、缺乏任何形式的狀態，而令我們感到困惑。但是你有沒有注意到，只要你開始揭示一個問題——即使只是把這個問題寫下來，你就開始看得比較清楚了，甚至可能產生一些處理它的想法。當我們試著表達感受時，就是在讓流經身體的情緒具體化。當我們把一個想法白紙黑字寫出來時，它就不再模糊了：我們給了它形狀，它變得具體。而在這個過程中，我們獲得了清晰洞見。不管你是和別人分享這些想法，還是只把它們收起來自己看，你都能從中獲益良多。

3. 與有著同樣經歷的人聊聊

當我們經歷艱難的時期，我們也可以選擇和那些有同樣經歷的人談談。

這對於鼓勵創傷後成長過程也很重要。研究表明，當你與他人分享你的經歷時，比如在一個支持小組中，向與你有相同經歷的人訴說，你通常就會得知這些人怎麼處理類似的情況，你會學到不同的觀點、不同的信念，或許就會選擇採納這些信念，來幫自己建立更強大的內在鷹架。鷹架不只能支持你，幫助你更懂得應對未來的衝擊，還能幫助你了解這個事件在整個人生中的意義，以及賦予你的痛苦**意義**。

4. 嘗試運動

在你進行體育活動時，就會釋放腦內啡（endorphins）到身體裡。腦內啡可以減少對疼痛的感知，作用就像鎮靜劑，在你經歷痛苦的時候可以幫助你。科學家說，運動的作用「就像毒品」，甚至會讓人上癮。因此，參加一些慢跑或其他體育活動，腦內啡的定期分泌能幫助你逐漸感覺好起來。在研究中，運動已被證明有助於緩解憂鬱和焦慮，並可以降低過早死亡率，還有許多其他的健康益處。

5. 接觸宗教或靈性

愛因斯坦（Albert Einstein）是有史以來最偉大的科學家之一，他改變了我們對重力的看法，對現代物理學有極大的影響，並因此獲得了諾貝爾獎。但愛因斯坦也說過：「我越研究科學，我就越相信神。」下一章將會告訴你，宗教和靈性如何回答一些人生中最困難的問題，並在難以應對的情況下幫助你。對某些人來說，轉向更高的力量可以成為智慧和力量的催化劑。

總結

度過艱難時期很困難，它會導致憂鬱、憤怒和絕望的感覺。但是，雖然這些情緒很難承受，艱難的時期也有一種強化效果，幫助你累積自我成長的經驗。知道這一點可以消除一些恐懼——擔心將來會遇到更多困難的恐懼。

人生充斥著不可預測的事，但有一件事相當肯定：人們往往比他們所意識到的更強大，只要我們堅持住，不要放棄希望，通常就會找到通往另一端的方法。如同俗話所說：「我們最大的榮耀不在於從不跌倒，而在於每次跌倒後都爬起來。」

Chapter 10

失望

給追求人生意義的你，
如何找到希望

社會的現代化使我們變得更加世俗，我們越來越依賴科學來尋找答案。但有時候，人們仍然有一種與生俱來的需求，希望自己的生命有意義，並尋找科學之外的答案。這些答案可以透過不同的維度找到：一個超越物質或實體事物，可以提供平靜感覺的神聖領域。

本章將探討為什麼人們會在最需要的時候求助於宗教，以及不同類型的祈禱對你的心理健康和幸福有什麼影響。我們還會探討靈性，以及為什麼人們會轉向靈性來尋找智慧和指導。像靜心和瑜伽這樣的練習，在全球都很受歡迎，數百萬人湧向靈氣大師和靈性導師，尋求生命的希望。

如果你想接觸這個神聖的領域，想要一些現成的快速建議，試試下面「急救處理」的方法：

急救處理

走出去，收集樹葉和石頭

想接觸靈性，有一件你可以做的事就是走出去，讓自己沉浸在大自然中，撿一些你喜歡的樹葉和石頭。這個建議聽起來很簡單，但是當你經歷危機的時候，這麼做會有一種舒緩的效果。當你觸摸一片樹葉，聽到它在你手中發出的沙沙聲，感受石頭光滑或粗糙的質地時，在那個短暫的瞬間，你可能會有一種從這個物質世界中解脫出來的感覺：純淨、天然的樹葉，與我們每天接觸的塑膠、各種人類製造的物品形成對比。就這樣，你又回到了最基本的層面。

與朋友一起祈禱

這會產生親密感和被傾聽的感覺。你向更高的存在敞開心扉，加上朋友就在身邊，這樣就會創造被支持的感覺。

情緒科學
——祈禱的心理學

閱讀時間：10分鐘

當我們經歷人生中最艱難、情緒最低落的時候，正是我們最脆弱的時刻。通常在這種時候，我們久經考驗的應對方法可能不再有效，而我們得尋找新的方法來度過難關。這也是我們最容易接受一套新信仰的時候。在尋求幫助時，我們可能會求助於宗教。

不像有些人以為的那樣，宗教並不只是去做禮拜或定期閱讀經文。宗教可以是你獨自一人待在房間裡，尋求任何可以讓你度過困難時期的幫助時，自己可以做的事情；它可以是在其他所有方法都失敗時，你還能依賴的最後一絲希望；；它也可以是你在日常生活中，深深放在心裡的東西。

你看待宗教的方式，會對你的心理健康產生深遠的影響。宗教信仰可能增加你的幸福感和內心的平靜感，但也可能讓你陷入焦慮和憂鬱的狀態。因此，我們必須仔細研究「宗教」這個概念是什麼，以及在這個框架下的不同應對方式。

宗教是什麼？

宗教與神性有關。當人們想要得到難以回答的答案時，就會求助於這個維度。例如：「生命的意義是什麼？」以及「我們死了以後會怎麼樣？」這類的問題。如果你正在受苦，你可能會試圖理解自己為什麼會經歷這一切，想知道它背後是否有任何意義。當我們看到忍受這些痛苦背後的意義時，痛苦就會變得更容易忍受一點。

宗教可以給人們帶來安慰和控制感，許多人在失業、生病、離婚或有經濟問題等關鍵時刻求助於宗教。在沒有其他人事物可依靠的時候，宗教可以成為支持的來源。

我記得很多年前，我看過一張金色沙漠的圖片，沙子上有一串腳印。圖片旁邊的文字寫著：「神啊，在我最黑暗的時刻，你拋棄了我。我非常痛苦、最需要祢的那些時刻，卻到處都看不到祢。我禱告請祢幫助我，祢應該一直走在我身邊，但我卻只能看到自己的腳印。」神回答說：「我的孩子，在你最黑暗、最艱難的時刻，是我抱著你。當你不能再堅持下去的時候，是我抱起了你。當你的力量離開你，我把你抱在懷裡——因為如此，才只有一排腳印。」這些年來，這段話的意義一直常在我心頭，對我來說，它體現了宗教的本質。

宗教和自尊

宗教不僅能帶來安慰的感覺，還能幫助我們塑造自尊。把自己的身體視為神聖之物的人，更有可能照顧好自己的身體，滋養自己的身體，避免過度放縱。當你視自己的身體為神聖之物時，你可能會更重視自己一點。

這並不是說有宗教信仰就表示你會好好照顧自己，只是說，認為自己身體有價值的人，更有可能會照顧好自己。

祈禱能教我們什麼

每個人祈禱的方式都不一樣。無論你是信徒或只是參與宗教活動，你參與的方式也會影響你的幸福。讓我們來看看以下兩種祈禱方式，看它們對我們有什麼影響，以及我們如何看待自己：

合作法

與神建立聯繫的一種方式是「合作」。採用這種方式的人在解決問題時，把神視為他們身邊的夥伴一樣，他們與神共同合作來解決他們所遇到的問題。這些人以積極的態度在解決問題，而主動解決問題這點，也有助於改善心理健康。

遞延法

還有一些人在祈禱時使用的是「遞延」。他們把自己的問題交給神，祈禱能得到解決。那些在生活中感覺自己能力不足的人，比較常使用這個方法，他們認為神是為他們提供所有答案的萬能的神。他們傾向於避免自己嘗試尋找解決方法，也害怕對生活進行嘗試。這個方式可能會限制你：例如，假設你工作表現落後，如果你自己不採取任何措施來改善這個情況，例如開始閱讀文獻或寫報告，向神祈禱也起不了多大作用。在這種情況下，把你的壓力和問題交給神會降低你的責任感，也會讓你失去**自行**改變現狀的能力。這就是為什麼老水手有句俗語說：「我要向神祈禱，同時繼續划向岸邊。」這句話是很好的註解。

不過在某些情況下，遞延可能是非常有用的方法。比方說，你正在處理一些你無法控制的情況，比如一場嚴重的疾病或事故。使用這種祈禱方式可以減輕你的壓力，讓你知道即使你無能為力，你也可以依靠更高的力量。根據研究，有宗教信仰並在最艱難的時刻求助於祈禱的癌症末期患者，經歷的痛苦比其他患者更少。

祈禱是一種積極的生活方式

有些人可能認為在處理生活問題方面，禱告是一種很消極的方式。但研究指出事實未必如此：宗教的處理方式存在著豐富的多樣性。例如，如果你採用「合作法」，那麼也是一種積極解決問題並承擔責任的方法。你不是一個被動的接受者，你採取了行動。

我們看待信仰的方式

談到宗教，另一個重要的部分是你看待神的方式。你對神的整體認知是愛你、支持你的存在，還是可以懲罰你、傷害你的存在？這可能會對你的幸福安康產生重大影響。

在研究中，那些相信神在他們身邊的人，心理健康方面也比較好。那些與神建立正向的關係，並將其視為一種向善力量的人，壓力比其他人小，更常保持著正面情緒。

那些對神失望或
相信自己有罪而受到懲罰的人
比起堅信「神必會幫助」的人，
更容易感覺不幸。

People who believe that God let them down or punished them for their sins tend to have poorer wellbeing than those who believe God is there to help them.

另一方面，有些人相信他們的不幸是神因為他們的罪而給予的懲罰，或感覺神辜負了他們，這些人的情況就不那麼好了。那些相信神的力量有限，無法實現他們禱告的人，也傾向於向下沉淪。每當他們與神的關係出現緊張和掙扎時，就會引發焦慮和憂鬱。我認識的一位女士因為身體不舒服，開始祈求神的幫助。經過幾個月的祈禱，她的病還在，所以她開始認為神幫助她的能力有限，或可能已經忘記了她。這種負面的想法不但讓她的情緒一落千丈，還加重了她已經感受到的痛苦。

如果想到神就會產生掙扎或衝突，這會對我們的心理健康產生負面影響。但若我們只把神視為公正和有愛的存在，對心理健康比較好，而且因為我們找到了平靜的感覺，所以也會過得更好。

在每個人的生活中，宗教的存在意義有所不同。也許神不是你生活的中心，卻是你支援網中的一員，當你需要精神或情感上的幫助時，就可以求助於祂。我們可以擁有一個由許多成員組成的支援網：家人、朋友和同事，我們會根據不同的需求去找這個網絡中的不同成員。根據研究，神也可以是網絡中的一個成員。

下面是克里斯多夫寄給我的訊息，他寫信給我，講述神和培養「信仰」對他的幫助：

神不會按照你的指示行事，也不能幫你做你的工作，但每隔一段時間，你的腦中就會突然冒出一個小想法，告訴你該採取什麼行動，而你就會覺得「也許我應該試試看」。或者是突然想到可以和誰談談，或許他能幫助你解決問題，然後你就去嘗試了。你會比以往任何時候都覺得這麼做更有成功的希望。你會更加樂觀。

靈性

有些人不認同宗教和神，他們在尋求答案時，反而是轉向靈性的方法。他們以正念、瑜伽和靜心冥想等精神方面的練習，為自己的生活帶來意義。不過這兩者並不相互排斥：你可以向神禱告，同時從事靈性的活動。你可能不認為這些做法是「靈性」的方法，但你仍然可以體會到好處。以下是關於如何發展靈性的五個練習。

應對策略

——如何開始靈性的探索

閱讀時間：10分鐘

1. 聽提振心情的音樂

當我們聽一些提振心情的音樂時，它通常會激發一種感覺，彷彿我們內心有更多東西——一種尋找**意義**的渴望。音樂可以讓我們感覺舒服，精神上更加充實。科學研究表明，聽音樂有很多好處：它能減輕焦慮、減輕疼痛，甚至對大腦有正面的影響。一項研究指出，聽十分鐘莫札特的音樂，就能對人們的時空推理（空間意識）產生積極的影響，這種現象被稱為「莫札特效應（Mozart effect）」。即使是聽了莫札特的老鼠，在走迷宮時的表現也更好：與聽白噪音、極簡主義音樂或完全不聽音樂的老鼠相比，牠們走得比較快，出錯次數也較少。聽提振心情的音樂對我們的心智有正面的影響，在我們需要的時候可以試試看。

2. 旅行

去新的地方旅行可以激發想法，促進反思和沉思。在新城市看到全新的風景，呼吸新鮮的空氣，可以使我們振奮起來，感覺精神更富足。旅行可以幫助你了解想從人生中得到什麼，並意識到你應該放棄什麼——那些根本不重要，但卻經常擾亂我們心理平衡的小事。如果你無法去太遠的地方，就算是一日遊也能產生一些改變。

3. 痛苦的原因

根據佛教僧人的說法，我們的心通常就是不快樂的根源。所以，如果不聽音樂有很多好處：
它能降低焦慮與減少痛苦。

Listening to music
lowers anxiety and decreases pain.

快樂源於心靈，那麼快樂和痛苦的根源也都在心靈。有時我們把事情看得太過理性了，總想尋找證據，尋找一條清晰、可定義的道路通往信仰，但就本質而言，靈性本來就是難以衡量之物。如果我們發現某樣東西對我們有幫助，想繼續去探索它，其實這就是我們所需的所有證據了。例如，如果你在靜心中找到了片刻的寧靜，它就是在告訴你，這方法對你有效。無論何時發生了不愉快的事情，請回到那個時刻。

4. 了解幸福來自心靈的平靜

我們常常把幸福等同於興奮：我們認為如果得到新的 iPhone、看到令人讚嘆的樂隊表演、收到一直渴望得到的訊息，那我們就會幸福。確實，得到這些東西的當下，我們會感覺正面情緒的提升，但興奮感很快就會消失。我們又回到了開始的地方，仍然感覺不到自己想要的快樂。

正念冥想讓我們知道，幸福是一種沒那麼複雜的東西，它更加微妙，不依賴於物質。幸福來自於內心的平靜。你越常創造給生活帶來平靜和寧靜的時刻，就會開始感到越幸福。

5. 赤腳走在草地上

還有一件事可以幫助你接觸靈性，那就是赤腳走在草地上，也被稱為「接地」或「接地氣」。當你赤腳走在草地上時，會有一種很不一樣的感覺，彷彿迫使你集中注意力在當下，留意腳底下的凹凸不平和鬆軟的泥土，突如其來的刺癢，以及你獲得的幸福感。當你赤腳走在大地上，你會開始感受到與大自然的聯繫，那是一種腳踏實地、充滿靈性的感覺。

總結

當人們需要幫助或想要找到更深層次的意義時，有些人求助於靈性，有些人求助於宗教，還有些人同時使用。即便你覺得自己沒有宗教信仰，想要進一步探索，你也可以一步一步來：參加正念冥想課程，或閱讀一些文獻，看看宗教能提供什麼幫助。

全世界有非常多人會向更高的力量尋求幫助，因為人難免會遇到艱難的時刻。這就是為什麼，當我們時常握著別人的手並**相信**（無論是宗教信仰還是靈性成長，或其他端看你怎麼稱呼的東西），確實可以讓我們比較能夠承受挫折，然後，也就更有可能爬起來了。

後記

我想用一個想法來結束這本書。多年來，人們寫信給我，告訴我他們正在與情緒苦苦爭鬥，想知道他們能做什麼：因優柔寡斷而動彈不得的男人、不斷拖延的學生、無法停止擔心自己所犯錯誤的女人。以上這些人，我在寫這本書時，都一直放在心裡。我想讓你們知道，**還有另一種方法，一種無論你心情如何都能讓你振作起來的方法**，讓你成為你想成為的人。

無論你的年紀多大多小，身處在人生中什麼位置，正在應對的問題是什麼，我都希望這本書對你有所幫助，希望你能透過它，找到一條適合自己的前進之路。

謝詞

感謝瑪麗安・泰普（Marianne Tatepo）相信我，給了我寫這本書的機會。你的遠見造就了這本書，如果沒有你的奉獻、努力和才華，就不可能有這本書了。

感謝貝琪・亞歷山大（Becky Alexander），這本書的傑出編輯。謝謝你對這份稿件仔細而周到的審閱，以及非常有幫助的意見回饋。

我還要感謝葛瑞格・比爾立（Craig Brierley）、湯姆・帕克希爾（Tom Parkhill）和馬特・沃倫（Matt Warren）給我這個機會，出版我的第一本書。

我在寫這本書的過程中，需要即時的情緒修復時，經常靠我父親的音樂來充電，他創作的歌曲讓我精神振奮、充滿活力。

最後，非常感謝 Happy Place / Ebury Books 整個團隊，包括安娜・布朗（Anna Bowen）、艾利・克里斯普（Ellie Crisp）與菲安・卡頓（Fearne Cotton）。能成為企鵝大家庭的一員，我感到非常興奮。

參考文獻

1. Dijksterhuis, A., et al., On making the right choice: the deliberation- without-attention effect. Science, 2006. 311(5763): p. 1005–7.
2. Douglas, k. and D. jones, Top 10 ways to make better decisions, in New Scientist 2007, https://www.newscientist.com/article/ mg19426021-100-top-10-ways-to-make-better-decisions/.
3. Schwartz, B., et al., Maximizing versus satisficing: happiness is a matter of choice. j pers Soc psychol, 2002. 83(5): p. 1178–97.
4. Iyengar, S.S. and M.r. lepper, When choice is demotivating: can one desire too much of a good thing? j pers Soc psychol, 2000. 79(6): p. 995–1006.
5. wilson, T. and D. gilbert, Affective Forecasting: Knowing What to Want. curr Dir psychol Science, 2005. 14(3): p. 131–34.
6. gilbert, D.T., et al., Immune neglect: a source of durability bias in affect- ive forecasting. j pers Soc psychol, 1998. 75(3): p. 617–38.
7. carpenter, S. We don't know our own strength, in American Psycholog- ical Association, 2001, https://www.apa.org/monitor/oct01/strength.

8. Marchetti, I., et al., Self-generated thoughts and depression: from daydreaming to depressive symptoms. Front Hum Neurosci, 2014. 8(131): p. 1–10.
9. Marchetti, I., et al., Spontaneous Thought and Vulnerability to Mood Disorders: The Dark Side of the Wandering Mind. clin psychol Sci, 2016. 4(5): p. 835–857.
10. Tice, D.M. and r.F. Baumeister, Longitudinal study of procrastination, performance, stress, and health: the costs and benefits of dawdling. psychol Sci, 1997. 8(6): p. 454–58.
11. Svartdal, F., et al., On the Behavioral Side of Procrastination: Exploring Behavioral Delay in Real-Life Settings. Front psychol, 2018. 9: p. 746.
12. Hajloo, N., Relationships between self-efficacy, self-esteem and procrastination in undergraduate psychology students. Iran j psych- iatry Behav Sci, 2014. 8(3): p. 42–9.
13. gallwey, w.T., The Inner Game of Work: Focus, Learning, Pleasure, and Mobility in the Workplace. 2001: random House publishing group.
14. pychyl, T.A., Solving the Procrastination Puzzle: A Concise Guide to Strategies for Change. 2013: jeremy p. Tarcher/penguin, a member of penguin group (uSA).
15. gilbert, D.T. and T.D. wilson, Why the brain talks to itself: sources of error in emotional prediction. philos Trans r Soc lond B Biol Sci, 2009. 364(1521): p. 1335–41.

16. Eldufani, j., et al., Nonanesthetic Effects of Ketamine: A Review Article. Am j Med, 2018. 131(12): p. 1418–1424.
17. Dweck, c., Mindset – Updated Edition: Changing The Way You think To Fulfil Your Potential. 2017: little, Brown Book group.
18. Haase, c.M., et al., Happiness as a motivator: positive affect predicts primary control striving for career and educational goals. pers Soc psychol Bull, 2012. 38(8): p. 1093–104.
19. Baumeister, r., et al., Losing Control: How and Why People Fail at Self-Regulation. 1994: Elsevier Science.
20. Mischel, w., et al., The nature of adolescent competencies predicted by preschool delay of gratification. j pers Soc psychol, 1988. 54(4): p. 687–96.
21. Moffitt, T.E., et al., A gradient of childhood self-control predicts health, wealth, and public safety. proc Natl Acad Sci uSA, 2011. 108(7): p. 2693–8.
22. Stromback, c., et al., Does self-control predict financial behavior and financial well-being? j Behav Exp Finance, 2017. 14: p. 30–38.
23. Duckworth, A.l., et al., What No Child Left Behind Leaves Behind: The Roles of IQ and Self-Control in Predicting Standardized Achievement Test Scores and Report Card Grades. j Educ psychol, 2012. 104(2): p. 439–451.

24. Sternberg, r.j., Intelligence. Dialogues clin Neurosci, 2012. 14(1): p. 19–27.
25. wong, M.M. and M. csikszentmihalyi, Motivation and academic achievement: the effects of personality traits and the quality of experi- ence. j pers, 1991. 59(3): p. 539–74.
26. remes, O., et al., A strong sense of coherence associated with reduced risk of anxiety disorder among women in disadvantaged circum- stances: British population study. BMj Open, 2018. 8(4): p. e018501.
27. park, N., et al., Character strengths in fifty-four nations and the fifty US states. j posit psychol, 2007. 1(3): p. 118–29.
28. Muraven, M. and r.F. Baumeister, Self-regulation and depletion of limited resources: does self-control resemble a muscle? psychol Bull, 2000. 126(2): p. 247–59.
29. Baumeister, r.F., et al., Ego depletion: is the active self a limited resource? j pers Soc psychol, 1998. 74(5): p. 1252–65.
30. Muraven, M. and D. Shmueli, The self-control costs of fighting the temptation to drink. psychol Addict Behav, 2006. 20(2): p. 154–60.
31. Duckworth, A.l., et al., Situational Strategies for Self-Control. perspect psychol Sci, 2016. 11(1): p. 35–55.

32. Muraven, M., et al., Longitudinal improvement of self-regulation through practice: building self-control strength through repeated exercise. j Soc psychol, 1999. 139(4): p. 446–57.
33. Tice, D.M., et al., Restoring the self: Positive affect helps improve self-regulation following ego depletion. j Exp Soc psychol 2007. 43: p. 379–84.
34. Fowler, j.H. and N.A. christakis, Dynamic spread of happiness in a large social network: longitudinal analysis over 20 years in the Fram- ingham Heart Study. BMj, 2008. 337: p. a2338.
35. Mcghee, p., Humor as Survival Training for a Stressed-Out World: The 7 Humor Habits Program. 2010: AuthorHouse.
36. Marziali, E., et al., The role of coping humor in the physical and mental health of older adults. Aging Ment Health, 2008. 12(6): p. 713–8.
37. Samson, A.c. and j.j. gross, Humour as emotion regulation: the differ- ential consequences of negative versus positive humour. cogn Emot, 2012. 26(2): p. 375–84.
38. Ford, T.E., et al., Effect of humor on state anxiety and math perform- ance. Humor, 2012. 25(1): p. 59–74.
39. Daviu, N., et al., Neurobiological links between stress and anxiety.Neurobiol Stress, 2019. 11: p. 100191.

40. Fredrickson, B.l. and T. joiner, Positive emotions trigger upward spirals toward emotional well-being. psychol Sci, 2002. 13(2): p. 172–5.
41. Fredrickson, B.l., The broaden-and-build theory of positive emotions. philos Trans r Soc lond B Biol Sci, 2004. 359(1449): p. 1367–78.
42. Tagalidou, N., et al., Feasibility of a Humor Training to Promote Humor and Decrease Stress in a Subclinical Sample: A Single-Arm Pilot Study. Front psychol, 2018. 9: p. 577.
43. Henman, l., Humor, control & human connection: lessons from the Vietnam POWs. Humor, 2001. 14(1): p.83–94.
44. Mcghee, p. Using Humor to cope; humor in concentration/POW camps. https://www.laughterremedy.com/article_pdfs/using%20Humor%20 to%20cope-part%202.pdf.
45. uvnäs-Moberg, k., et al., Self-soothing behaviors with particular refer- ence to oxytocin release induced by non-noxious sensory stimulation. Front psychol, 2014. 5: p. 1529.
46. Simpson, H.B., et al., Anxiety Disorders: Theory, Research and Clinical Perspectives. 2010: cambridge university press.
47. Hecht, D., The neural basis of optimism and pessimism. Exp Neuro- biol, 2013. 22(3): p. 173–99.
48. carver, c.S., et al., Optimism. clin psychol rev, 2010. 30(7): p. 879–89.

49. Ironson, g., et al., Dispositional optimism and the mechanisms by which it predicts slower disease progression in HIV: proactive behav- ior, avoidant coping, and depression. Int j Behav Med, 2005. 12(2): p. 86–97.
50. ramírez-Maestre, c., r. et al., The role of optimism and pessimism in chronic pain patients adjustment. Span j psychol, 2012. 15(1): p. 286–94.
51. jacobson, N.S., et al., Behavioral activation treatment for depression: returning to contextual roots. clin psychol Sci prac, 2001. 8: p. 15.
52. jacobson, N.S. and E.T. gortner, Can depression be de-medicalized in the 21st century: scientific revolutions, counter-revolutions and the magnetic field of normal science. Behav res Ther, 2000. 38(2): p. 103–17.
53. Martell, c.r., et al., Depression in Context: Strategies for Guided Action. 2001: w.w. Norton.
54. NcNiel, j.M. and w. Fleeson, The causal effects of extraversion on positive affect and neuroticism on negative affect: Manipulating state extraversion and state neuroticism in an experimental approach. j res pers, 2006. 40(5): p. 529–50.
55. British red cross. Covid-19 and isolation: helpful things to remember about loneliness, https://www.redcross.org.uk/stories/disasters-and-emergencies/ uk/coronavirus-six-facts-about-loneliness.

56. cacioppo, j.T. and S. cacioppo, The growing problem of loneliness. lancet, 2018. 391(10119): p. 426.
57. Murthy, v. Work and the Loneliness Epidemic, in Harvard Business Review, 2017, https://hbr.org/2017/09/work-and-the-loneliness-epidemic.
58. Hawkley, l.c. and j.T. cacioppo, Loneliness matters: a theoretical and empirical review of consequences and mechanisms. Ann Behav Med, 2010. 40(2): p. 218–27.
59. rico-uribe, l.A., et al., Association of loneliness with all-cause mortal- ity: A meta-analysis. ploS One, 2018. 13(1): p. e0190033.
60. kiecolt-glaser, j.k., et al., Urinary cortisol levels, cellular immunocom- petency, and loneliness in psychiatric inpatients. psychosom Med, 1984. 46(1): p. 15–23.
61. caspi, A., et al., Socially isolated children 20 years later: risk of cardio- vascular disease. Arch pediatr Adolesc Med, 2006. 160(8): p. 805–11.
62. Epley, N. and j. Schroeder, Mistakenly seeking solitude. j Exp psychol gen, 2014. 143(5): p. 1980–99.
63. Epley, N. and j. Schroeder, The surprising benefits of talking to strangers, in BBC News, 2019, https://www.bbc.co.uk/news/ world-48459940.
64. Burridge, T., Crossing Divides: Can a ‘chatty bus’ combat loneliness?, in BBC News, 2019, https://www.bbc.co.uk/news/uk-48622007.

65. Spithoven, A.w.M., et al., It is all in their mind: A review on information processing bias in lonely individuals. clin psychol rev, 2017. 58: p. 97–114.
66. Baumeister, r.F., et al., Social exclusion impairs self-regulation. j pers Soc psychol, 2005. 88(4): p. 589–604.
67. Newall, N.E., et al., Causal beliefs, social participation, and loneliness among older adults: A longitudinal study. j Soc pers relat, 2009. 26(2): p. 273–90.
68. Sprecher, S., et al., Factors Associated with Distress Following the Breakup of a Close Relationship. j Soc pers relat 1998. 15(6): p. 791–809.
69. Newman, H.M. and E.j. langer, Post-divorce adaptation and the attri- bution of responsibility. Sex roles, 1981. 7: p. 223–32.
70. Tashiro, T. and p. Frazier, "I'll never be in a relationship like that again" : Personal growth following romantic relationship breakups. pers relatsh, 2003. 10(1): p. 113–128.
71. kansky, j. and j.p. Allen, Making Sense and Moving On: The Potential for Individual and Interpersonal Growth Following Emerging Adult Breakups. Emerg Adulthood, 2018. 6(3): p. 172–190.
72. lewandowski, g.w., Promoting positive emotions following relation- ship dissolution through writing. j posit psychol, 2009. 4(1): p. 21–31.

73. Aron, A., et al., Reward, motivation, and emotion systems associated with early-stage intense romantic love. j Neurophysiol, 2005. 94(1): p. 327–37.
74. Seshadri, k.g., The neuroendocrinology of love. Indian j Endocrinol Metab, 2016. 20(4): p. 558–63.
75. wu, k., Love, Actually: The science behind lust, attraction, and companionship, in Harvard University, The Graduate School of Arts and Sciences, http://sitn.hms.harvard.edu/flash/2017/ love-actually-science-behind-lust-attraction-companionship/.
76. Marazziti, D., et al., Alteration of the platelet serotonin transporter in romantic love. psychol Med, 1999. 29(3): p. 741–5.
77. Stromberg, j., This is your brain on love, in Vox, 2015, https://www.vox.com/2015/2/12/8025525/love-neuroscience.
78. Stony Brook university, Anguish Of Romantic Rejection May Be Linked To Stimulation Of Areas Of Brain Related To Motivation, Reward And Addiction, in Science Daily, 2010, https://www.sciencedaily.com/ releases/2010/07/100722142201.htm.
79. Mark, c., Broken heart, broken brain: The neurology of breaking up and how to get over it, in CBC, 2018, https://www.cbc.ca/life/wellness/ broken-heart-broken-brain-the-neurology-of-breaking-up-and-how- to-get-over-it-1.4608785.

80. Helgeson, v.S., et al., A meta-analytic review of benefit finding and growth. j consult clin psychol, 2006. 74(5): p. 797–816.

81. Fredrickson, B.l., What Good Are Positive Emotions? rev gen psychol, 1998. 2(3): p. 300–319.

82. Fredrickson, B.l. and r.w. levenson, Positive Emotions Speed Recov- ery from the Cardiovascular Sequelae of Negative Emotions. cogn Emot, 1998. 12(2): p. 191–220.

83. Mineo, l. Harvard study, almost 80 years old, has proved that embra- cing community helps us live longer, and be happier. 2017, https:// news.harvard.edu/gazette/story/2017/04/over-nearly-80-years-harvard- study-has-been-showing-how-to-live-a-healthy-and-happy-life/.

84. r Tedeschi, l.c., Posttraumatic growth: conceptual foundations and empirical evidence. psychol Inq, 2004. 15(1): p. 1–18.

85. Tedeschi, r.g., et al., Posttraumatic Growth: Theory, Research, and Applications. 2018: Taylor & Francis.

86. viorst, j., Necessary Losses. 1986: Simon and Schuster.

87. chapman, B.p., et al., Emotion suppression and mortality risk over a 12-year follow-up. j psychosom res, 2013. 75(4): p. 381–5.

88. Nathan consedine, c.M., et al., Moderators of the Emotion Inhib- ition-Health Relationship: A Review and Research Agenda. rev gen psychol, 2002. 6(2): p. 204–28.

89. gross, j.j. and O.p. john, Individual differences in two emotion regula- tion processes: implications for affect, relationships, and well-being. j pers Soc psychol, 2003. 85(2): p. 348–62.
90. ullrich, p.M. and S.k. lutgendorf, Journaling about stressful events: effects of cognitive processing and emotional expression. Ann Behav Med, 2002. 24(3): p. 244–50.
91. vina, j., et al., Exercise acts as a drug; the pharmacological benefits of exercise. Br j pharmacol, 2012. 167(1): p. 1–12.
92. Murri, M.B., et al., Physical Exercise in Major Depression: Reducing the Mortality Gap While Improving Clinical Outcomes. Front psych- iatry, 2018. 9: p. 762.
93. Anderson, E. and g. Shivakumar, Effects of exercise and physical activity on anxiety. Front psychiatry, 2013. 4: p. 27.
94. pargament, k.I., The Psychology of Religion and Coping: Theory, Research, Practice. 2001: guilford publications.
95. pargament, k., et al., The Brief RCOPE: Current Psychometric Status of a Short Measure of Religious Coping. religions, 2011. 2: p. 51–76.
96. pargament, k., et al., Religion and the Problem-Solving Process: Three Styles of Coping. j Sci Study relig, 1988. 27(1): p. 90.
97. yates, j.w., et al., Religion in patients with advanced cancer. Med pediatr Oncol, 1981.

9(2): p. 121–8.
98. pargament, k.I., et al., The many methods of religious coping: devel- opment and initial validation of the RCOPE. j clin psychol, 2000. 56(4): p. 519–43.
99. O'Brien, B., et al., Positive and negative religious coping as predictors of distress among minority older adults. Int j geriatr psychiatry, 2019. 34(1): p. 54–59.
100. Hebert, r., et al., Positive and negative religious coping and well- being in women with breast cancer. j palliat Med, 2009. 12(6): p. 537–45.
101. pargament, k., et al., God help me: religious coping efforts as predictors of the outcomes to significant negative life events. Am j community psychol, 1990. 18: p. 793–24.
102. pargament, k., et al., Religion and the Problem-Solving Process: Three Styles of Coping. jSSr, 1988. 27(1): p. 90–104.
103. kemper, k.j. and S.c. Danhauer, Music as therapy. South Med j, 2005. 98(3): p. 282–8.
104. rauscher, F.H., et al., Music and spatial task performance. Nature, 1993. 365(6447): p. 611.
105. rauscher, F.H., et al., Improved maze learning through early music exposure in rats. Neurol res, 1998. 20(5): p. 427–32.

HEART
心|視野 心視野系列 121

即時情緒修復
2 分鐘告別壞情緒，透過 50 個小練習，讓你擺脫焦慮、恐慌和壓力
The Instant Mood Fix

作者 奧莉維亞・瑞米斯（Dr. Olivia Remes）
譯者 吳宜蓁
封面設計 張天薪
內頁排版 theBAND・變設計— Ada
責任編輯 洪尚鈴
行銷企劃 蔡雨庭、黃安汝
出版一部總編輯 紀欣怡

出版者 采實文化事業股份有限公司
業務發行 張世明・林踏欣・林坤蓉・王貞玉
國際版權 鄒欣穎・施維真・王盈潔
印務採購 曾玉霞
會計行政 李韶婉・許俽瑀・張婕莛
法律顧問 第一國際法律事務所 余淑杏律師
電子信箱 acme@acmebook.com.tw
采實官網 www.acmestore.com.tw
采實臉書 www.facebook.com/acmebook01

ISBN 978-626-349-331-5
定價 350 元
初版一刷 2023 年 7 月
劃撥帳號 50148859
劃撥戶名 采實文化事業股份有限公司
104 台北市中山區南京東路二段 95 號 9 樓
電話：(02)2511-9798 傳真：(02)2571-3298

國家圖書館出版品預行編目資料

即時情緒修復 : 2 分鐘告別壞情緒，透過 50 個小練習，讓你擺脫焦慮、恐慌和壓力 / 奧莉維亞 . 瑞米斯 (Olivia Remes) 著 ; 吳宜蓁譯 .
-- 初版 . -- 臺北市 : 采實文化事業股份有限公司 , 2023.07
208 面 ; 14.8 * 21 公分 . -- (心視野系列 ; 121)
譯自 : The instant mood fix ISBN 978-626-349-331-5(平裝)

1.CST: 情緒管理 2.CST: 生活指導
176.52 112008389